王志成・葉紘宙著・葉紘宙繪畫

趣味的部首・上冊・

文史哲出版社印行

趣味的部首·上冊·目錄

序

中國字橫豎線條的組合，有著老祖宗深刻的智慧結晶，為了解決語言與書面的文字在意義上的結合，便充分利用特定的部分字做為基礎，來組合成其它的字來表達生活裡各種不同的意思；這種文化的特色，實在不是歐美音系文字，僅僅在語音上保存意義的方式，可以媲美的。

換句話說，了解中國文字裡一些基本的文字後，許多的文字都可以用「視覺」的方式辨別出字義的梗概，不像歐美的文字只能以讀音上去分辨，即使所謂「字首」與「字根」的學習方式，也只能說是歐美文字在運用文字上的意義趨向限定而已；而中國文字除了在讀音上可以保存意思外，字形也能看些出字義的端睨來。

在中國的語言文字學上，對於這個文字現象有著深厚的研究發現，無論是「語根」、「字根」、「部件」、「字素」等等，都可說是這方面的研究；對於小學的文字教育而言，是有深刻的指導價值的。

在國小的生字教學中，要求「部首」為教學的一項重點，已是眾所公認的事了，這在生字教學的理論上，已能體認這種文字的特色；然而，為什麼要教「部首」？以及學生運用「部首」的概念去解釋字義的學習，似乎仍有待加強；既然中國文字有著這樣的特性，那麼為什麼不加強學生這方面的能力呢？

本書基於上述的想法，希望能提供下列的功能：

一、字的部首：部首一般都出現在字的固定位置，尤其是常見的部首更是如此；本書試著以歸納的方式，讓學生了解部首常見的位置，以便日後見到類似的情況時，能加以類推使用。

二、能明白部首的意思與生字的基本關聯：本書對於部首兼採各家的解釋，僅量歸結部首在組字時可能的意思，以方便學生了解利用此部首的生字大多有哪些意思的傾向；這對於沒有時間對字義做深入的了解時，有著指導性的功能。

三、能利用部首快速地查詢字典，以了解生字的意思：一般在查詢字義時，小學生大多數只會利用注音符號去查字，然而，所謂的生字往往包括在字音上的不了解，那麼利用注音來查字，仍會有許多生字沒辦法查詢；而大部分的字典都會提供總筆劃查字表、及難字總筆劃查字表方便學生查字，可是所費的時間實在太長；「部首」便有效解決這個在「字音不了解」、「時間過長」的問題。

最後必須說明的是，本書並不是專門的文字學論著，只是提供小學的學生做為課外補充的讀物，也可提供教師在教學上做有機的運用，因此，並不做深入的探討，僅求學生在學習上能達致有效的學習運用，所以，列出的部首根據《談小學生常用的部首》一文（已收錄本書中，以供參考），以最常使用到的九十八個，做為解述的對象，至於其餘的部首，由於使用次數過少，這裡也就割愛；其二，引用的各家說法，考慮這只是小學生的閱讀書籍，一概不標明為哪位學者的說法，書後（下冊）有列舉參考的書目，以表明內容參考的來源；若本書說明有誤，還望大方指導。

王志成
葉紘宙　謹識
二〇〇一年三月

附註一：為了說明及編排上的方便，本書分為上下兩冊，各有四十九個，並由於自然界及人文現象的部首較多，便將部分部首放置上冊中。內容上，上冊主要以人體有關或以人體取象的部首為主，如：「口、人、心、手、言、辵、女、攴、頁、力、彳、目、子、肉、儿、八、又、大、寸、止、方、見、走、尸、曰、足、食、卩、欠、白、立、耳、音、殳、父、老」共三十六個，並加「囗、广、邑、乙、行、丿、入、亠、冖、冂、小、彡、网」等十三個補足。下冊以自然界及人文現象的部首為主，如：「水、木、糸、宀、艸、土、刀、日、一、火、貝、阜、竹、金、田、巾、戈、玉、示、衣、隹、雨、月、禾、十、車、二、夕、犬、穴、羊、門、工、干、弓、斤、牛、皿、石、里、馬、冫、己、戶、臼、虍、虫、酉、魚」共四十九個。

附註二：每冊書後都附有測驗十五回，含測驗五回，大顯身手十回，測驗五回配合該冊每十個部首為一回，下冊亦同；上冊的十回大顯身手是綜合上冊所有的部首做練習，下冊的十回大顯身手則是綜合上下冊所有的部首做練習，在此做一說明，可供教學使用或自行練習。

小朋友，你了解中國字嗎？

中國文字是化過妝的喔！

小朋友，你有沒有發現媽媽化好妝、穿上漂亮的衣服的時候，你會一下子認不出她就是媽媽呢！現在你所學的中國文字也是一樣；它是由古人花了好長的時間，在它原本的樣子上，化了一層妝，所以才會看起來這麼的整齊和美觀的；可是，也使得真正的它反而沒有人認得了；因此，今天我們要認識它，就只有一個法子，就是要看看它沒有化過妝的樣子，換句話說，中國最早的文字是什麼樣子呢？

古代文字有：甲骨文、金文、篆文

從地下挖掘得到的古代遺物，和古代留下的書本，可以知道目前中國最早的文字形態有三種；第一種是甲骨文；第二種是金文；第三種是篆文。其中甲骨文和金文大概是商代到周代的文字，可以說是我國最早的文字形體；而小篆是戰國末年至秦代使用的文字；這三種文字都保存了我國文字的原始形態。

舉個例子來說，比方：「母」這個字，它字形的演變是：

甲骨文	
金文	
篆文	
隸書	母
楷書	母

從甲骨文看去，「母」是一個上有髮簪、雙手交叉在胸部和腹部的前面、臀部坐在腳踵上的側面人形，中間的兩點表示乳房，指的是已出嫁的成年女子；到了金文，改變不大，只是上面的髮簪不見了，而且腳踵也拉直了；篆文則比金文更接近甲骨文，只是上面的髮簪也不見了，腳踵也拉直了；但是到了隸書，就有大變化，胸部以下的部分全不見，且將胸部部分向左躺了下來，使

得初見此字的人並不能明白中間的一橫是軀幹、兩點是乳房、而右下角的交叉原來是雙手，因此，有人將這種大變化稱做是「隸變」，因為它改變了中國字基本的樣子，也使得後人很難了解字的本義。所以，我們要認識中國字，就一定要明白現在的字已經不是原本的樣子了。

中國文字到了隸書、楷書以後才固定下來

我國文字除了上面談到的甲骨文、金文、篆文以外，還有兩種文字形體很重要，也就是「隸書」和「楷書」，中國的文字一直到了這兩個文字形體才比較固定下來。

這麼說的意思是，在甲骨文等古代文字形體，往往同一個字寫法有很多種，多幾筆、少幾筆、上下左右顛倒都可以；不過到了隸書以後，除了上面談到的「隸變」以外，最重要的是文字的形體固定下來；這有個好處是：方便了學習文字的人，也方便了人們在書面上溝通的來往。

那到底什麼是「隸書」、「楷書」呢？簡單來講，「隸書」是為了方便書寫牢獄的文書才創造出來的，因為秦代的刑罰很重，很多人動不動就被官府給定罪關進大牢，犯人一多，畫押的文書也多了起來，負責的官吏發覺用篆文來寫文書不方便，才漸漸地發展出隸書這種文字形體來。

「楷書」真正為國家定為通行的文字，已經到了唐代了；最早出現這種文字形體，傳說是在東漢，可能和隸書出現的時間差不多，但創作的人並沒有一定的說法，在形體上來看，其實只是比隸書少了「波磔」而已，所以，有叫隸書為「古隸」，叫楷書為「今隸」的說法。

總之，文字到了楷書，已成為固定的一種書寫方式，所以，也可以說是種法式、標準的意思。

中國文字的組合方式：六書（六種方式）

中國文字最特別的地方，就是它的線條組合，但這絕對不是隨意組合的，它有一定的規則呢！

在造字的原理上，中國字是「形、音、義」（字的外形、音讀、意義）都結合在一個字裡的，不像外國字那樣，只是「音、義」合一。另外，老祖宗為了讓我們更了解中國文字的組成，就把中國文字的造字方式歸納出六種：一是依照實物的外形描繪的字，如：大、人、尸，老祖宗叫它做「象形字」，大多是名詞；二是用實物或者用線條去表示一種狀態，是種抽象的觀念，如：立、一、厶，大多是動詞、形容詞、副詞，老祖宗叫它做「指事字」；三是利用兩個或兩個以上已經知道的字組合成一個新字，如：比、老、頁，老祖宗叫它做「會意字」；四也是兩個字或兩個以上已經知道的字組合成一個新字，只是組成部份一個用來表示音讀，其它的用來表達意思，如鼻，老祖宗叫它做「形聲字」；而這個特色實在是外國拼音文字所沒有的。五是「轉注」，就是有一個字是其它字群的基本字，這些字群與這個基本字有音義或形音義上的相關，不過，各派的學者對轉注的解釋很不一致，我們只要簡單地了解就好；六是「假借」，有二種意思：一是借用某個字的形音，去表示一個新的概念與想法，二是一個字的引申義彰顯，而本義卻令後人忘記，然而與轉注相同的情形是，各派學者也對假借的解釋不一致，我們只要簡單地了解就好，若要深入，是個人的興趣，但不是本書的重點。

中國文字的形音義

任何文字都脫離不了：「形」、「音」、「義」，中國文字在這方面的特性又是如何呢？

在表意的方式上，中國字是一字一義（本義）的，不像外國文字是用好多個字母拼成一個字彙，表達一個意思。

在表音的方式上，中國字是一字一音（破音字在此暫時不說）的，而跟外國字最不一樣的地方是，有用相成的字和其它字組合時，一字表音，另一字是表義，所以老祖宗管它叫「形聲字」；比方說「們」這個字，「亻」就是「人」，這裡做表意用，表示這個與人有關，「門」這裡做表音用，所以「們」念「門」。

在字形上，中國字是一個個方塊字，所以很容易做字形的美化，這也是中國字為什麼跟早先甲骨文、金文、小篆都不大相像的原因；可是，除了藝術的特質外，「易學、易記、易認」實在是外國拼音文字不能比擬的。

「識字」與「查字典」的重要性

在小學，「識字」是非常重要的一件事，但是，小朋友們，如果你只靠課本上面所學習到的生字，在閱讀有些比較專門的書籍時，仍然是不足夠的，比方文學著作吧！如《詩經》、《楚辭》等等，可以發現，有很多字不只是不知道怎麼讀，有時連意思也不明白；更何況，因為種種學習狀況的不同，課本所教的字也就沒有辦法充分的學好，一知半解，最後往往就誤用字詞成語。

想了解文章的意思，首先就要了解字義，所以，如果是課堂內的學習，靠老師的講授、解惑，是不成問題的；課堂之外，自行閱讀書刊報章，碰到「不懂」的字時，又怎麼辦呢？其實很簡單，遇到不懂的字就去「查字典」，只要有心時時去請教這位「無言的老師」，久而久之，識字的能力必定可以大為提高。

「查字典」的方式

然而，字典要怎樣使用呢？你一定會說：利用注音符號吧！不錯，這是種「音序查字法」，分漢語拼音與注音符號拼音二種，不過要使用音序查字法查生字，要懂得該生字是怎麼讀的，才可能查到想查的生字；可是，不能確定怎麼讀時，這又該怎麼辨呢？或許你又會說：可以利用「四角號碼查字法」、「筆畫查字法」與「部首查字法」來查生字啊！但這些查字法又有什麼不同呢？

如果為了查尋的快速與方便，「四角號碼查字法」是很好用的查字法，然而，這必須對字形的結構有充份的了解，況且相同號碼的字形取碼必須熟記，才能有效使用此查字法；「筆畫查字法」也是種快速的查字法，它可以在不清楚一個字的四角解碼、部首、字音、字義、字形結構時使用，十分的方便，可是，如果對中國字筆畫不能有正確的筆順了解，數錯的可能性不是沒有；而「部首查字法」並不是種快速的查字法，但它可以在不清楚一個字的四角解碼、字音、字義時使用，可是必須了解中國字的基本字形結構，尤其是基本的部首與其做為部首的相對位置，才能有效地使用它。

「部首查字法」的優點

那麼，哪一種查字法比較好呢？為了快速與方便，「四角號碼查字法」、「筆畫查字法」是可以優先考慮的，但是，這兩種查字法並不能提供基本的字義，而「部首查字法」就不一樣；仔細的深入探討「部首」後，可以明白部首除查字的用途外，還有重大意義呢！那就是「同部首」的字，都有相同的基本意思，舉個例吧！「林、棵、柏、檜、椿、橁、柚、枝」都是「木」部的字，可以知道的是這些字都跟「樹木」、「木頭」有關；所以，如果為了了解一個字的字義，認識「部首」不僅可以了解一個字的基本意思，也能得心應手的查閱字辭典，這是其它查字法沒辦法提供的。

本書的學習目標

因此，這本小書希望提供二個功

用：一是了解每個部首的意思，並明白使用這個部首的字有哪些基本意義；二是了解這個部首組合其它構字部件時，常見於什麼位置，是在上部、下部、左半，或是右半；明白這兩個條件後，自然能一眼了解一個沒學過的字可能的基本意義，並能在有限的時間裡找出部首，並依筆畫查出其正確的意思。

關於本書撰寫的原則

首先，我們知道，現今字典所用的部首，大多以明朝梅膺祚所撰的《字彙》為依據，而《字彙》又是以漢代許慎所著的《說文解字》的五百四十部，改從楷體，且合併《說文解字》中的部居，並以筆畫的多寡作為分部的次第，自一劃到十七劃，共有二百一十四個部首，而每部之中，又以筆畫多寡作為列字的順序，這樣的畫分雖有它的優點，可是也有它令人迷糊的地方；比方：「方」部的字，照理應該與「許多船並連的意思」有關，可是在《說文》中另有「㫃」部，是「旗子」的意思，卻也併入「方」部裡，這提供查詢的方便，但也使得字義上有混淆的嫌疑；再如「丿网、亠」

等部，所屬的字不僅不容易看出是使用什麼部首，有時也不見屬字與其部首的意思有關。

再來，從古至今的文字學家們，對文字構造的理論有其各派各家獨特的見解，本來百家爭鳴有其進步的意味，可是這也使得初入門檻的、想學習中國文字的人有所驚懼，為的是一來文字理論的掌握有派別之分，二來解釋文字時又有其獨特創見，實在很難作一決擇，比方說「二」這個部首吧！教育部國語推行委員會所編的《部首手冊》以為是「會意」，可是蔡信發教授在其所著的《辭典部首淺說》以為是「形聲」，大陸的倪永宏先生在其所著的《漢字部首詳解》卻又以為是「指事」，而這類情況也出現在「廴、攴、殳、父、示、立、老、耒、身、青、骨、門」十二個部首裡，而另外有些是某一家說法與其它家不同。

第三，對有些部首的意思，各家說法也有不同，但這與其對六書理論的基本觀點有關，不同也只是延伸出來的解釋有異罷了；也許有人會問：既然莫衷一是，為什麼就不說也就罷了呢？我們以為雖然各家說法有異，可是對於文字的認識卻有很大的幫助，比方說「冖」：教育部國語推行委員會的《部首手冊》以為是「表示覆蓋東西的意思」，所以是「指事」字，但蔡信發教授與倪永宏先生以為是「布幕披垂的樣子」，「有覆蓋的意思」，所以是「象形」字，往往既不衝突，又可以相輔相成，反而使人更能了解這個部首的意思；然而，為了說明的方便，六書的辨明主要是以教育部國語推行委員會所編的《部首手冊》為主，再參照各家的說法，而更主要的是參考中央大學蔡信發教授所著的《辭典部首淺說》及倪永宏先生著的《漢字部首詳解》，斟酌再三，只求能使人一見就明白；總之，這裡不探討深奧的學理，只求利用大家已公認的一些說法，使人能對這些部首有初略的了解；若有出入，也只是各家說法的不同。

第四，對於小學而言，其實常見的部首也不過只有九十八個，其餘的部首在日常生活中使用的次數太少，對於小學的學習部首而言，便顯得並不那麼重要了；至於有哪些常用的部首，及如何判定，見下冊《小學生常用部首》一文。

第五，每個部首的例字，坊間各家的書籍分類大致上都相同，但是部分的字在指定是什麼部首時，各家卻有歧義，因此，本書以教育部編印的《常用國字標準字體筆順手冊》的歸納分類為主，以避免學習上的困擾。

總而言之，這本小書只是希望能以了解部首為出發點，以求明白以這個部首組合的字都有某方面的意向，不僅對學習中國字而言，有執簡馭繁之效用，而且在面對六、七萬的中國字將不再有所恐懼。

因此，以下的部首解說以甲骨文和金文字體為主，除非甲骨文和金文沒有這個字，才用篆文來說明，希望小朋友看了這本書以後，能對中國文字的意義更為了解，才不會寫錯字，用錯字！

第二類常用部首

（一）「口」，三畫，很像一個人笑口常開的樣子。

圖示

像一個人笑臉常開的樣

古代文字的形體演變

甲骨文

金文

篆文

隸書

楷書

解說

從甲骨文、金文和篆文的形體看來，都像一個人嘴巴的外形，所以，它是個「象形字」。

因為，嘴巴（口）是人們用來吃飯喝水和說話的，所以，用「口」組成的字，與「有關嘴巴的器官」、「飲食」、或「有關嘴巴的行為」，都有關係；如：「喃、叭、哽、咽、吭、唉」等等；因為人要是不能吃，身體就會不好，因此，「口」又可以代表「人」，如：人口。

查部首時，有四種情況：

❶字左有「口」：叮、叨、叫、吃、吧、吩、吸。這種數量最多，我們叫它做「口字旁」。

❷字上有「口」：吳、呈、呂、品、單。

❸字中有「口」：可、司、史、吏、向、咫、哥、喪、嚮、囊。

❹字下有「口」：右、后、吞、吾、否、君、告、含、咎、咨、哲、啻。

注意！這些字即使字右是其它部首，仍然查「口」部；如：叩、叨、叱、叭、吐、吋、吹、吠、吱、呱、咪、啡、唯、唬、嗎、嘿。

另外，這些字容易弄錯部首，但也是要查「口」部；如：叵、句、同、周、命、哀、哉、咸、商、問、嗇、嗣、嘗、嘉、噩、另、只、吊、呆、咒、器、員、哭、古、召、台、吉、各、名、合、吝、唐、售、喜。

牛刀小試

(1) 叨（　　）(2) 呆（　　）(3) 同（　　）

(4) 吉（　　）(5) 和（　　）。

（二）「人」，二畫，就像人側面站立的樣子。

像一個向右的側面人形

圖示

古代文字的形體演變

甲骨文

金文

篆文

隸書

楷書

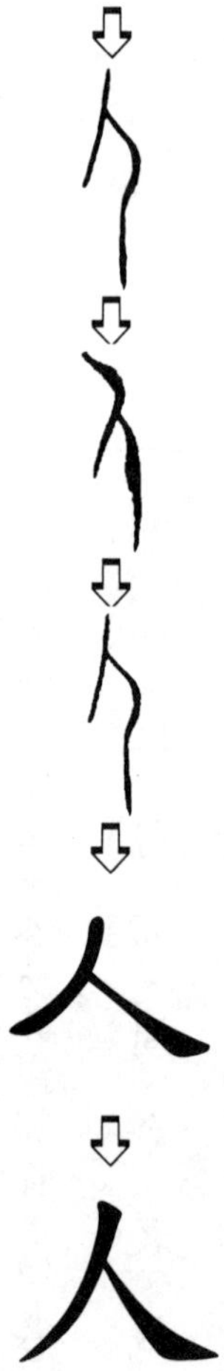

解說

從甲骨文、金文、篆文的形體看來，有頭、一雙重疊的手臂和一雙併攏的腳；

它是個「象形字」。中國文字裡，原本表示「人」意思的字是「大」；大是正面站立的人，後來被借作大小的「大」，才又造個側面人形的「人」字。因此，用「人」

字組合的字，與「人」有關，包括「人的動作及行為」；如：令、傘、企、余、倉、你、做、倒、伸、伍等字。

用作部首時，有兩個寫法：❶人；❷亻。

而查部首時，有二個情況：

❶字上有「人」：令、傘、企、余、倉。我們叫它做「人字頭」。

❷字左有「亻」：你、做、倒、伸、伍。我們叫它做「單人旁」、「單立人」或「左單人」；其實，這個「亻」就是「人」，因為放在字的左半邊，講究美感、好看，才改變形體的。

注意！「仄、以、來」也是「人」部的字；因為「仄」的上面不是「厂」，是「皮」字省略筆畫的寫法，意思是人在做皮革，所以跟「人」有關。「以」是「用」的意思，是人在用農具做農事，所以查「人」部，而且，左半部不是「厶」，是農具的形狀，不可以查「厶」部；「來」在甲骨文裡，本義是「麥子」，不過甲骨文裡已用做「來到」的意思，後來意思比較常用，本義反而沒有人知道了，所以，「來」的意思與「木」無關，為了方便查詢，就放進「人」部了。

牛刀小試

(1)企（　）(2)合（　）(3)以（　）

(4)休（　）(5)來（　）。

（三）「心」，四畫，是人的身體中，負責運送血液的重要器官。

圖示

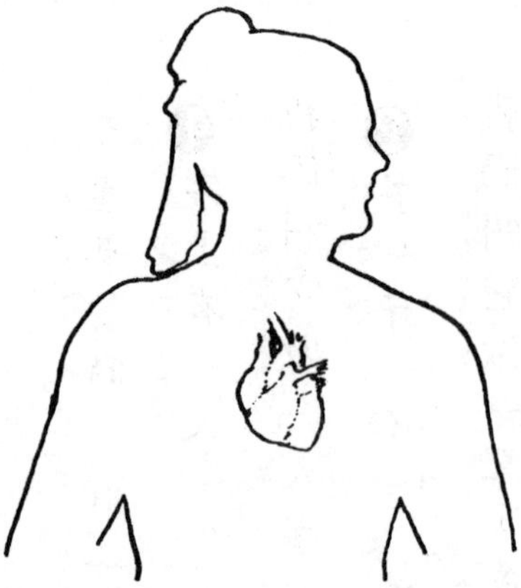

像一顆心臟的外形

古代文字的形體演變

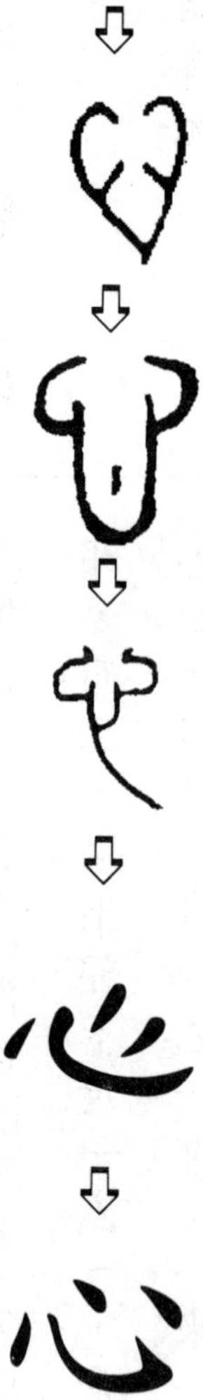

甲骨文

金文

篆文

隸書

楷書

解說

從甲骨文的形體看來，很像人和動物的心臟形狀，是個「象形字」；金文的形體就沒有這麼生動，但中央的一點倒是表現出心臟中有「血」的意思；篆文的形體沒有了中央的一點，反而在下方多了一條彎曲的線，或許古代人也看到心臟和血管是連在一起的吧？總之，「心」就是「心臟」的的意思。所以，用「心」組合的字，跟心臟都有關係。

可是，你一定聽過「心情不好」或「用心想一想」這些話吧？心臟的功能只有血液循環，又怎會有感情、想法、念頭呢？原來，這是古代人以為「心」有「感情與思想」，所以，用「心」組合的字也有這些意思。而且，古人也以為心是位在身體中央，用「心」組合的字便有「中央」、「正中間」的意思。

用作部首時，有三種寫法：❶心；❷忄；❸㣺。

查部首時，有四種情況：

❶字下有「心」：忘、忍、忠、忽、念、怒、急、怎、怨、恐；我們叫它做「心字底」。

❷字左有「忄」：快、情、悟、忙；我們叫它做「豎心旁」。上面二種情況最為常見。

❸字下有「㣺」：恭、忝。

❹字中有「心」：必、悶、愛、慶、憂。

注意！這些也是「心」部的字：「恥、愛、慶、憂、憲、應、恙、忝、慕、必」。

牛刀小試

(1)慕（　） (2)右（　） (3)思（　）

(4)以（　） (5)情（　）。

（四）「手」，四畫，是人類成為萬物之靈的重要器官，人說「雙手萬能」就是這個道理。

圖示

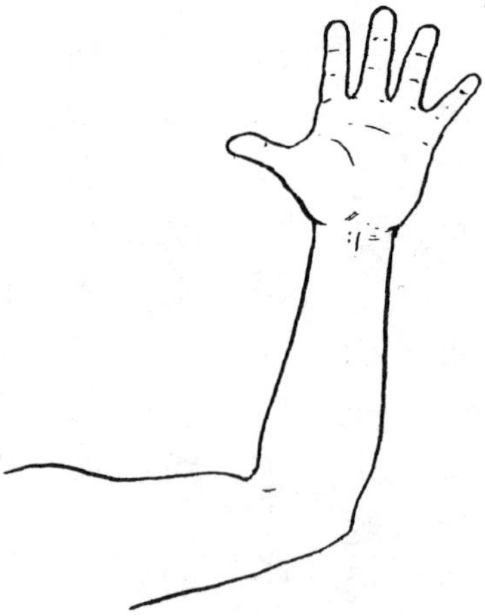

像人的手掌和五指張開的樣子

古代文字的形體演變

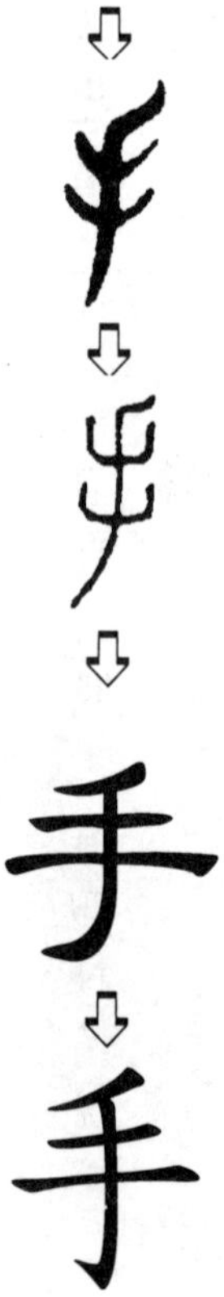

金文

篆文

隸書

楷書

解說

甲骨文沒有這個字；從金文、篆文的形體

看來，就像五指張開、有手掌與手臂的樣子；它是個「象形字」；而且，這是古代的人用自己的左手作為模仿描寫的對象，所以金文和篆文的下面，線條都向左彎，表示是左手的手臂，用來和「毛（）」字區別。

古人以為手就是拳，只不過今人用手指張開來是「手」，手指卷握在手掌中稱做「拳」，其實，在古代的時候，「拳、手」的意思是一樣的。

所以，用「手」組合的字，與「手」、「手的動作」、和「用手做的事」有關，如：打、扑、扒、扣、掰、搿、拳、拿、拏、掱。

用作部首時，有二種寫法：❶手；❷扌。

查部首時，有二種情況：

❶字左有「扌」：把、打、找、接、指、提、拉、掉、排、推、持、據、搖、投、抓、換、捉、招、擔、抱、揮、掛、拍、探、擺、搬、技、抬、按、摸、掃、操、搶、拖、拔、扮、折、抗、拼、捕、擁、採、插、撞、搭、揚；這種情況最多，我們叫它做「提手旁」。

❷字下有「手」：拿、擊、掌、拳、摩、攀；可以叫它做「手部底」或「下手部」。

另外，有二個問題必須注意：❶「才、拜、承、找、折、摩、摹」也是「手」部的字，不要弄錯了。❷「扌」與「木」是不同的。

牛刀小試

(1)抖（　）(2)掌（　）(3)同（　）

(4)傘（　）(5)愛（　）。

（五）「言」，七畫，是一個人說話有要規矩，不可以亂說話的意思。

圖示

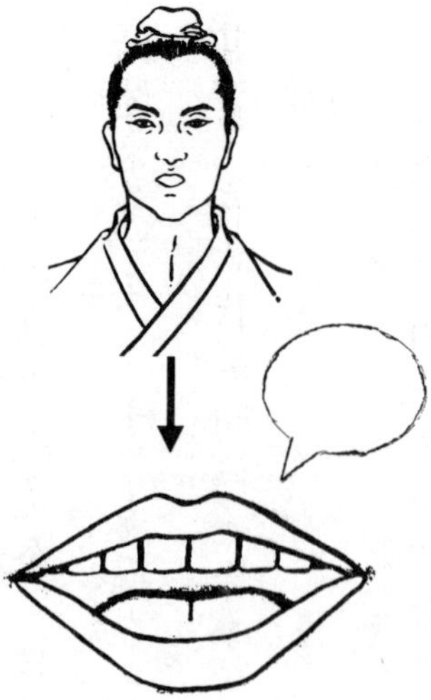

「言」表示說出的話

古代文字的形體演變

甲骨文

金文

篆文

隸書

楷書

解說

從甲骨文、金文、篆文的形體看來，除了篆文的形體多了上面的一橫外，大體上是相同的，都是由「辛」和「口」組成的；「辛」是一種刀形彎曲，用來在犯人臉上刻字的刀子，這裡是「不要得罪、不要冒犯、不要使別人不舒服」的意思；「口」是嘴巴，表示「說話」的意思；所以，「言」就是謹慎說話，不要得罪別人的意思；因為，「辛」又做「言」的注音，所以，「言」是個「形聲字」。

不過，許多學者對這個字有不同的意見；有人說：甲骨文形體上面的一橫是「嘴巴說出的話」，下面是嘴巴，好像張開口的樣子，中間是舌頭；所以，「言」就是由嘴巴和舌頭所產生的聲音；又有人說這像是用嘴吹喇叭或簫管一類的樂器。

古人說：「自己說話叫做言，和人討論事情叫語。」只是現在都不分了。

因此，用「言」組合的字，與「說話」有關；如：計、訂、訃、記、訐、訕、訊、託、訓、訖、譬、警、誓。

查部首時，有三種情況：

❶字左有「言」：訂、訊、託、訓、許、訟、註、詠、評、詞、証、詐、訴、診、該、試、詩、誇、詼、誠、誅、詭、論、誌、語、認、誡、誤、說、誘、諒、談、課、調、論、諺、諫、謀、諧、諾、謂、謎、謙、講、謊、謠、謝、謹、識、證；我們叫它做「言字旁」。

❷字下有「言」：誓、譬、警。

注意！「詹、謄、譽、變」也是「言」部的字。

牛刀小試

(1)才（　　）(2)譽（　　）(3)詠（　　）

(4)慶（　　）(5)倒（　　）。

（六）「辶（辵）」，四畫，是在大路上行走的意思。

表示在十字路口行走的意思

圖示

古代文字的形體演變

甲骨文

金文

篆文

隸書

楷書

解說

甲骨文的形體是由外面的「行」字、加上中央的「止」字組成「辵」字；「行」是十字路口，這裡表示交通道路，「止」就是腳；所以，「辵」就是「用腳在路上行走」的意思；而金文、篆文的形體是由上面的「彳」字加上下面的「止」字組成；「彳」是小步走路；所以，「辵」就是「走路」的意思，後來特別指「小步行走」的意思。是個「會意字」。

不過，也有學者認為是「大步走路」；甚至也有認為是為了逃命躲藏、有時跑、有時走的樣子；總之，也是「走路」的意思。

因此，用「辵」組合的字，跟「腳的動作」有關（尤其是行走、行動等），或跟「道路」有關；如：迎、返、近、述、迦、迢、迪、迥、迭、迫等。

用作部首時，寫作「辶」。

查部首時，只有一種情況，那就是在字下有「辶」，就可以查「辵」部，如：這、過、還、道、進、邊、連、通、遠、近、送、造、運、遊、達、遇、逃、追、適、選、速、迎、退、透、途、遍、逐、迷、避、逵、遺、遭、迫、述、遵、遲、邀、逼、遞、返、遙、逢、週、巡、違、遷、遣、迪、迴、遮、逗、邁、逛、逮、迅、逝、遼、遂、逆；我們叫它做「走之底」或「走之旁」。

注意！「辵」字在金文以後的字體，上面是「彳」，但是字體的寫法容易與「彡」字混淆，要小心。

牛刀小試

(1)咸（　）(2)近（　）(3)令（　）

(4)憂（　）(5)折（　）。

（七）「女」，三畫，就是「女孩子」的意思。

圖示

古代文字的形體演變

甲骨文　金文　篆文　隸書　楷書

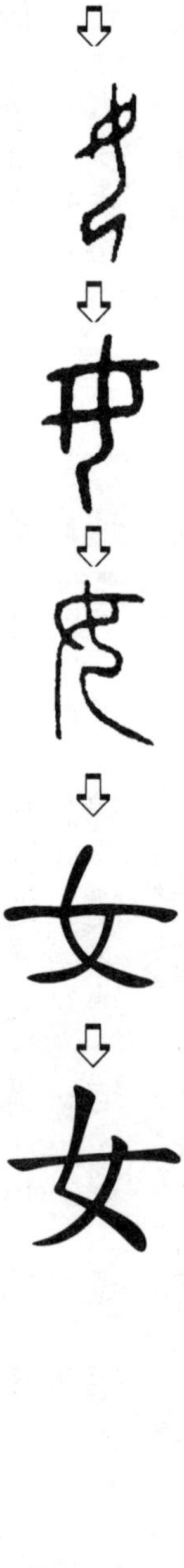

解說

從甲骨文的形體看來，可以知道，古代婦女坐下的姿勢很莊重；就像一個女人兩膝跪地，臀部坐在腳踵上，兩隻手交叉、衣袖整齊地、輕輕地放在大腿上，也許正在跟人行禮、打招呼，十分地有禮貌；是個「象形字」。而金文和篆文的形體有點改變，但大致相同。不過，有學者以為「女」就是「奴」，是女子雙手被綁住。也有學者以為這是古代的搶婚制度，女子在家中被搶奪，按習俗雙手被綁在胸腹的前面。

總之，古人說：未出嫁的女孩，叫「女」，已嫁的女孩，叫「婦」，嫁給自己的女人叫做「妻」；又說：未成年的女子稱為「女」，成年的女子稱為「母」。

因此，用「女」組合的字，與「婦女」有關；如：娃、姣、奴、妁等；但有些字也反應了中國古代社會對女性的輕視與污辱；如：奸、妄、婪、嫖。

查部首時，有三種情況：

---

❶字左有「女」：好、她、如、媽、妳、妹、奶、始、娘、妖、姊、婦、姑、姓、婚、妃、姐、娃、妙、嫁、娟、妮、媳；這種的情況最多，我們叫它做「女部旁」或「女字旁」或「左女部」。

❷字下有「女」：婆、妻、嬰、姜、娶、委、姿、妄；我們叫它做「妻字底」或「下女部」。

❸字上有「女」：姦。

注意！這些也是「女」部的字：「妝、威、嬴、妥、妾、委、姜、婪、嬰」。

牛刀小試

(1) 語（　　）(2) 如（　　）(3) 委（　　）
(4) 迫（　　）(5) 咒（　　）。

（八）「攴」，四畫，就是手拿著棒子或木杖在撲打。

圖示

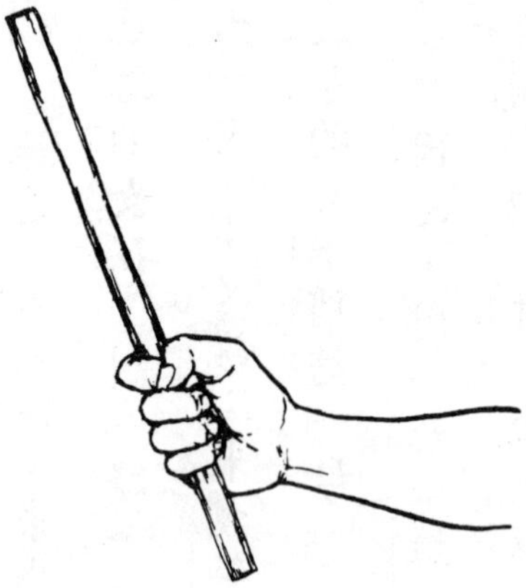

古代文字的形體演變

甲骨文
金文
篆文
隸書
楷書

解說

從甲骨文、金文、篆文的形體看來，上面是「小棍子、木杖或鞭子」等等的工具物品，下面是「右手」

的形狀；所以，「攴」就是「手拿著棍子或鞭子在敲擊、撲打東西」的意思；是個「會意字」。

因此，用「攴」組合的字，與「手拿著工具類的物品在打擊東西或勞動工作」有關，也有「驅使、強迫」的意思；如：收、政。

用作部首時，有兩種寫法：❶攴；❷攵。

查部首時，只有一個情況，那就是字右有「攵」或「攴」，就可以查「攴」部；如：數、放、教、故、收、改、救、敢、政、敬、攻、散、敗、效、敵、敲、敏、敘、敝、敦、敖；我們叫它做「缺攴兒」、「反文兒」。

注意！「改、攻、放、敗、啟、敲、整、斃」也是「攴」部的字；「改」，「己」像是一個犯錯的小孩跪坐著，「攴」是拿鞭子在教訓，表示要小孩知錯改過，不可以查「己」部；「攻」，是「攻打、攻擊」的意思，學者以為「工」是「攻」字的注意，認為「攻」是形聲字，但「工」是種工具，因此，也可以說是拿工具物品攻擊，說「攻」是會意字也是可以通的，但重點在講「打擊」，不可以查「工」部；「敗」，是手拿著棍棒工具將貝殼打碎，表示「破壞、毀壞」的意思，不可查「貝」部；「放」，是「驅離、逐出」的意思，不可查「方」部。

牛刀小試

(1)必（　　）(2)敲（　　）(3)推（　　）

(4)攻（　　）(5)譽（　　）。

（九）「頁」，九畫，是人的頭部。

圖示

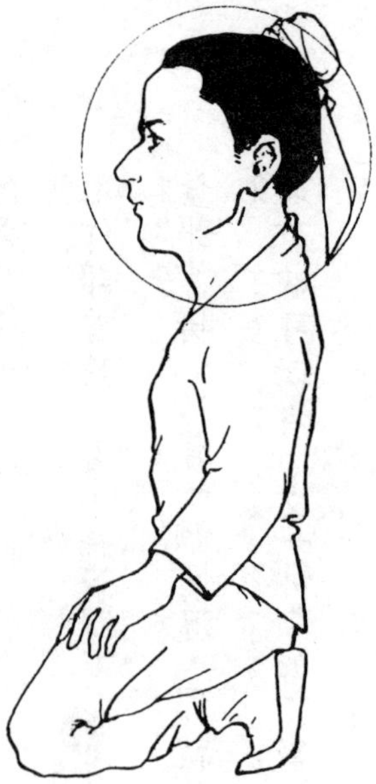

古代文字的形體演變

甲骨文

金文

篆文

隸書

楷書

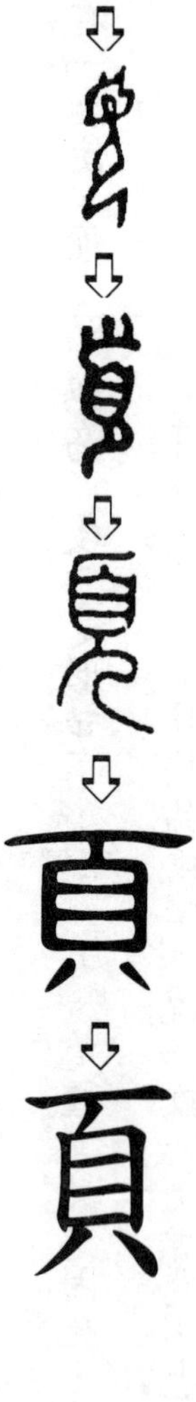

解說

甲骨文的外形就像是一個臉向右看，身體向右方跪下的人形，這個人頭畫得很大，特別地明顯，而身體卻畫得比較小，而且，大頭上面還有眼睛和頭髮，

37 頁

換句話說，這是整個人體的「象形字」，只是將頭畫得很大，來表示有關「頭部」的意思；也就是說，「頁」的本義就是「頭」，是個「指事字」。但也可以說是用「頭大」來表示頭部的意思，說是「會意字」也可以。

這麼說，用「頁」組合的字，跟「頭、頸」等有關「頭部」的字有關囉？但為什麼「頁」字現在都是指「書頁」呢？

原來，這是文字的借用，只可惜一借不還，現在很少人知道「頁」其實就是「頭」的意思。

但是，如：頂、預、頑、頓、頒、頌、領、頰、頸、頻、頹、顆、額、題、顎、類、願、顛、顧、顯、顱等字，還是跟「頭的意思」有關，沒有「書頁」的意思。

查部首時，只有一種情況，那就是字左有「頁」，就可以查「頁」部，如：頂、預、頑、頓、頊、頒、頌、領、頡、頰、頸、頻、頷、頹、頤、顆、額、顏、題、顎、顓、類、願、顛、顧、顫、顯、顱、頃、項、順、須、頗、頭、顥、顰；我們可以叫它做「右頁旁」。

注意！❶「頃、項、順、須、頊、頗、頭、顰」也是「頁」部的字，它們都跟「人的頭」有關；❷「煩」是火部的字，要小心（參考下冊）

牛刀小試

(1)整（　　）(2)妥（　　）(3)頌（　　）

(4)變（　　）(5)項（　　）。

（十）「囗」，三畫，是為了防範敵人來攻擊，而建立的防守「圍牆」。

圖示

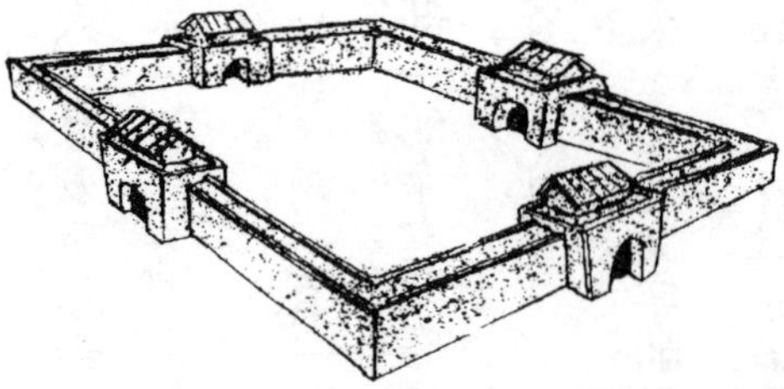

像一堵圍牆的形狀

古代文字的形體演變

甲骨文 金文 篆文 隸書 楷書

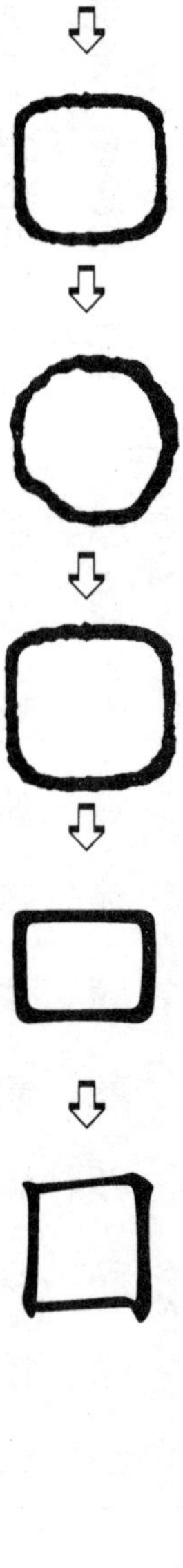

解說

甲骨文的外形就像一座四面的方形圍牆，表示圍繞、巡邏、保衛、周圍的意思；金文的外形體就像一座圓形的圍牆；小篆的外形就像由上方向下看到的圍牆外形。總而言之，「口」是「圍」的古字，像四面都是封閉的牆壁、有被包圍的意思；是個「象形字」。

因此，用「口」組合的字，與「包圍」、「環繞」、「周圍」、「束縛」有關；如：四、囚、因、回、囪、困、囤、固、圃、圈。

查部首時，只有一種情況，那就是字外有「口」，就可以查「口」部；如：囤、固、圃、圈、國、園、圓、團、圖、四、回、囪、囚、因、困、圍；我們叫它做「四框欄」、「大口框」、「方框兒」、「圓框」。

注意！「口」與「韋」都是「圍」的古字，這是因為在古文字中，這兩個字引申的意思很相近，詳細分別的話，「口」是城牆，有「周圍、保衛」的意思，「韋」像是在「口」外有人在巡邏戍守或繞著一個地方行走，也有相同的意思；不過後世將「口」、「韋」借用為不同的字義來使用，如「口」多做部首使用，「韋」是去毛的獸皮，所以，才又造個「圍」字來表示周圍、圍繞的意思。

注意！「四、回」二字在寫字時雖然上下較扁一些，和「囪、囚、因、困、圍」五字裡面雖然是其它部首，但都是查「口」部。

另外，不要把「口」和「口」給弄錯了。

牛刀小試

(1)團（　）(2)否（　）(3)倉（　）

(4)困（　）(5)應（　）。

（十一）「广」，三畫，就是沿著山壁建造的房屋。

像靠著山建造的房屋或像多棟房子建在一起的樣子

圖示

古代文字的形體演變

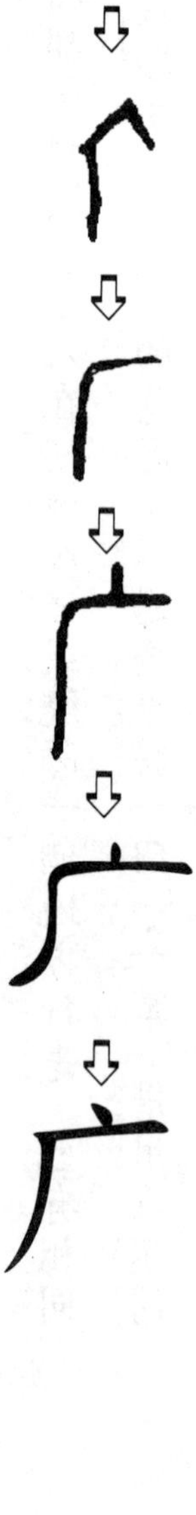

甲骨文

金文

篆文

隸書

楷書

解說

從甲骨文和篆文的形體看來，有二種不同的說法：第一種說法以為這是依靠著山崖建築的房屋，是「厂」與「丨」的組合，「厂」是山崖，「丨」是屋頂上尖下大的形狀；第二種說法以為是房屋互相連接而造成遮蔽掩蓋，所以，只能看見一半的牆壁；而金文的形體和「厂」相同；總而言之，就是自然環境經過人類的改造後，可以供給人們來居住，也就是後來稱為「房子」的住所；是個「象形字」。

因此，用「广」組合的字，與「建築」、「房屋」有關；如：序、庇、庚、店、府、庠、度、庫、庭、座。

查部首時，只有一種情況，那就是在字的上方有「广」，而且不是「麻」、「鹿」二個部首的字，就可以查「广」部，如：度、底、店、座、府、康、庭、床、廣、廟、廠、龐、廳、廢、序、廚、庫、廉、廁、廊、庚、廂；我們叫它做「广字頭」、「偏廠兒」、「點雁兒」。

注意！❶「厂」、「广」是不同的，要小心分辨；❷「庇、床、庠、庫、康、龐」六字雖然字中有其它部首，還是查「广」部；如「庇」，是兩個人被保護在屋簷下；如「床」，原本寫作「牀」，是用木板做成，供坐臥使用的家具，現寫作「床」，為方便查字，放進「广」部。

牛刀小試

(1) 誓（　　）(2) 摩（　　）(3) 座（　　）

(4) 庫（　　）(5) 婆（　　）。

（十二）「力」，二畫，是人的上手臂。

圖示

像農具或
像人用力時筋脈鼓起的樣子

古代文字的形體演變

甲骨文

金文

篆文

隸書

楷書

解說

從甲骨文、金文的形體來看，有兩種不同的說法：第一種說法是以為像人的手臂，或者手臂上的筋脈；第二種說法是以為像是一種農業耕作的工具：「耒」的形狀，上面是用木頭製造的彎曲木柄，下面有尖齒的「犁頭」的農具；不過真正的意思並沒有人能夠確定，但是相同點都是「象形字」；另外，有學者也以為使用「耒」必須用到「力氣」，所以，改變一點點「耒」字的形體，來表示力量的「力」字；總之，人只要用力的時候，筋脈就會特別突出明顯，「力」的造字可能就是從這裡模仿實際形象的；只是後來被借用來表示「力氣」、「力量」、「體力」，所以，原來的意思反而很少人知道了。

因此，用「力」組合的字，與「力」、「力氣」、「武力」、「力量」、「勞力」有關；如：加、劣、劫、助、劬。

查部首時，有三種情況：

❶字右有「力」：動、功、助、勸、勤、勵、勁、勉、勒、劫、勃、勘。

❷字下有「力」：勇、勞、勢、努、劣。

❸字左有「力」：加。

注意！「功、勒、勞、勝、務、募」也是「力」部的字；如：「功」，用力工作的意思，不查「工」部，因為「工」只表示從事的工具，而「功」強調努力、用力的意思。

牛刀小試

(1)加（　　）(2)度（　　）(3)因（　　）

(4)勞（　　）(5)勝（　　）。

（十三）「彳」，三畫，是街道的路口，也可以說是小步走路的意思。

圖示

「彳」是「行」的左半
表示小步行走的意思

古代文字的形體演變

甲骨文
金文
篆文
隸書
楷書

解說

從甲骨文、金文的形體看來，「彳」只有「行」的左邊一半，而且「行」是四通八達的十字路口，所以，「彳」就是一條道路的「路口」；是個「象形字」。

不過，一般的說法都以「行」是行走，所以，「彳」也是行走，而且是「小步走路」的意思；因此，從篆文的形體看來，古代學者就以為「彳」的上面是人的臀部，中間是大腿，下面是小腿，換句話說，也就是整隻腳，強調的是「小步走路」的意思；因此，「彳」是個「指事字」。

不過，現代的學者以為「行」本來是道路，「彳」是「行」字的左邊一半，所以，「彳」就是路口的意思，只是引申之後才有「小步走路」，而且是「走走停停」的意思；另外，也有學者表示：是先有「行」字，本來的意思是「道路」，引申「行走」，後來省略筆畫作「彳」，才只有「行走」的意思。

因此，用「彳」組合的字，與「行走」、「道路」、「腳的動作、趨向」有關；如：彷、役、往、征、佛、彼、很、待、徊、律。

查部首時，只有一種情況，那就是字左有「彳」，就可以查「彳」部；如：得、後、很、從、往、待、德、復、徒、微、徑、徵、律、彼、役、徐、循、御、佛、彷、徹、征、徽；我們叫它做「雙立人」或「雙人旁」。

牛刀小試

(1)題（　）(2)四（　）(3)徵（　）

(4)床（　）(5)役（　）。

（十四）「目」，五劃，是利用人的眼睛外形來造字的。

圖示

古代文字的形體演變

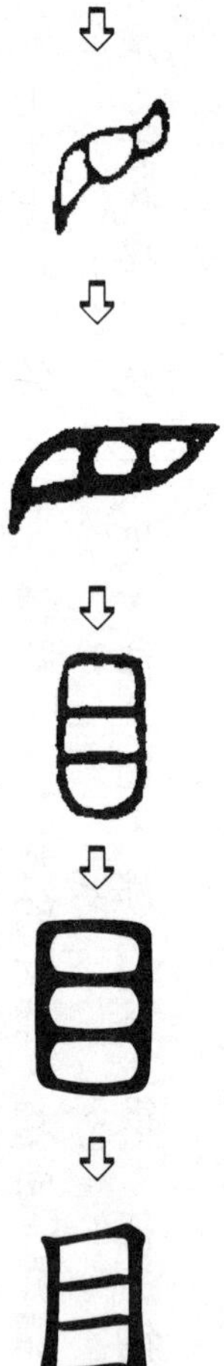

解說

甲骨文和金文的形體都像一個人眼睛的外形形狀：周圍是眼眶，兩旁是眼角，中間是眼珠，有些甲骨文的形體寫作「」，裡面的

眼珠還有黑點，表示瞳孔；是個「象形字」。到了篆文的形體變成豎立起來，眼角也被拉成四方角，反而看不出眼睛的形象，沒有原來的文字來得生動。

因為眼睛的功能在「看」，因此，用「目」組合的字，與「看」、「眼睛」、「眼睛的動作」有關；如：盲、省、看、盾、眉、眷、督、盯、盹、盼、眠、眨、眼、眶、睛、睦、睜、睡、瞎、瞳、瞪、瞭、矓。

查部首時，有二種情況：

❶字左有「目」：盯、盹、盼、眩、眠、眨、眶、眸、眺、睏、睫、睦、睞、睹、睜、睥、睨、瞄、睽、睡、瞎、瞇、瞌、瞑、瞠、瞞、瞟、瞳、瞪、瞰、瞬、瞧、瞭、瞻、矇、矚；這種情形最多，我們叫它做「目字旁」、「左目部」或「斜目旁」。

❷字下有「目」：看、省、眉、督。

注意！字上有「罒」、或字中有「目」也可以查「目」部，如：真、直、相、眾；但是這些字必須從字義上去了解，才知道為什麼查「目」部，而且容易和其它部首混淆。

另外，「睿、直、相、真、眾、睪、矗、瞿、矍」也是「目」部的字。

注意！有些字上寫作「罒」，卻是查「网」部，要小心分辨。

牛刀小試

(1)務（　）(2)眼（　）(3)看（　）

(4)斃（　）(5)詹（　）。

第（ㄉㄧˋ）三（ㄙㄢ）類（ㄌㄟˋ）常（ㄔㄤˊ）用（ㄩㄥˋ）部（ㄅㄨˋ）首（ㄕㄡˇ）

（十五）「子」，三畫，就是一個「小孩子」的意思。

圖示

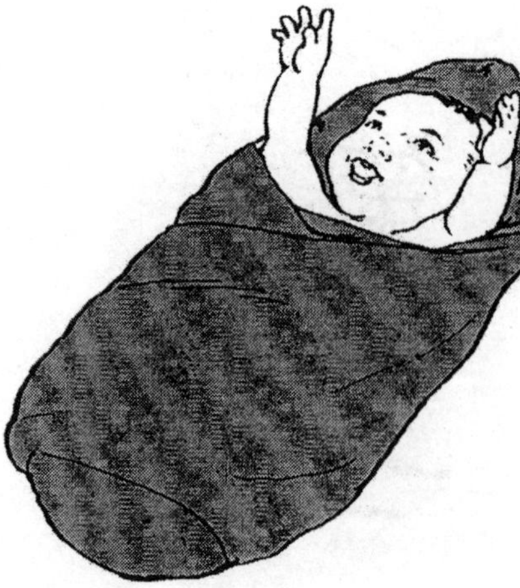

頭上有毛髮

身體像包裹在襁褓中

古代文字的形體演變

甲骨文

金文

篆文

隸書

楷書

解說

從甲骨文的形體看來，上面三條短豎線條是頭髮，中央的「⊠」就是「囟」，是嬰兒頭頂有塊還沒有閉合的地方，下面是雙腳，所以，「子」就是「小嬰孩」的樣子；從金文、篆文的形體看來，就像小嬰孩兩隻手向上，要人抱抱，身體和雙腳包裹在襁褓中的樣子；是個「象形字」。後來又借用做為地支的第一位。

所以，用「子」組合的字，和「兒童」、「少年」、「孩子」有關，也和「生育」、「繁殖」等事有關；如：孩、孫、孜、孔。

查部首時，有三種情況：

❶字下有「子」：學、字、存、季、孝、孤、孵、孕。我們叫它做「學字底」。

❷字左有「子」：孩、孫、孔；我們叫它做「子字旁」或「子部旁」。

❸字上有「子」：孟。

注意！這些字都是「子」部的字；「孑、孓」不查亅部；「孔」不查乙部；「字」不查宀部；「孝」不查老部；「孜」不查攴部；「孤」不查瓜部；「孚」不查爪部；「孟」不查皿部；「季」不查禾部；「孱」不查尸部；「孰」不查亠部或丶部，「孿」不查言部或糸部；因為這些字有「後代」、「繁衍」、「孳生」、「數量很多」的意思。

牛刀小試

(1)仔（　　）(2)憨（　　）(3)字（　　）

(4)擊（　　）(5)孱（　　）。

（十六）「肉」，六畫，就是動物皮膚下的組織—「肌肉」部份。

圖示

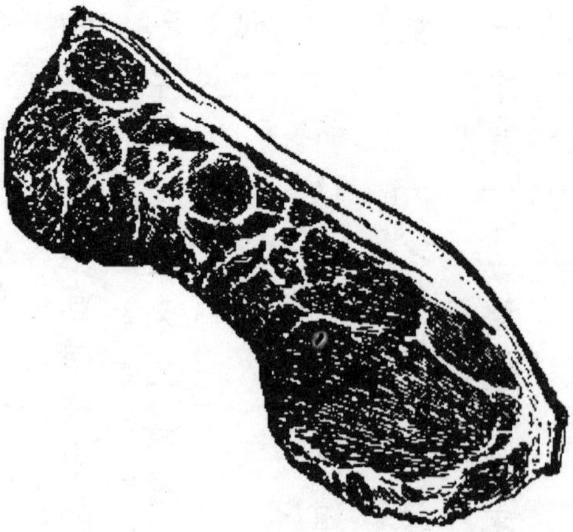

像一塊肉的外形
上面有肉的紋理

古代文字的形體演變

甲骨文
金文
篆文
隸書
楷書

解說

甲骨文、金文、篆文的形體看起來大

致上是相同的，都像是用刀子切下的一塊肉，上面還看得見肉的紋理或是肋骨，是個「象形字」。

因此，用「肉」組合的字，與「肌肉」有關；如：肌、肋、肚、胡、育、肖、肓、胔、臠。

用作部首時，有二種寫法：❶肉；❷⺼。

查部首時，有二種情況：

❶字下有「⺼」或「肉」：能、背、育、肯、脅、臂、肩、胃、肖、膚、脊、脣、胔、臠。

❷字左有「⺼」：腳、臉、腦、肚、腿、脫、膽、腰、胖、肥、膠、胸、腸、膀、股、脖、肌、胎、胞、脆、腹、脈、脾、肝、腔、肢、臏、肺、膜、膝、脂、臟；這種情況最多，我們叫它做「肉月旁」或「⺼部旁」。

另外，有二點必須注意！❶這些字也是「肉」部的字，如：胡、胤、能、脩、腳、肯、胥、胃、脣、膏、膚、腐。❷「⺼」和「月」不同；「⺼」是肉部的另種寫法，裡面是一點一提；「月」的裡面是兩平橫。

牛刀小試

(1)股（　　） (2)孜（　　） (3)育（　　）

(4)肛（　　） (5)腳（　　）。

（十七）「儿」，二畫，就是「人」。

圖示

解說

甲骨文和金文沒有這個字；從篆文的形體看來，左邊像是一雙重疊的手、右邊像是一對彎曲併攏的雙腿；是個「象形

古代文字的形體演變

篆文
隸書
楷書

字」；古代學者以為「儿」就是「人」，是戰國時代，除秦國以外的六國使用的文字改變筆畫寫成的。

古人以為「人」和「儿」都是「人」的意思，宋代學者也說：「人」是側面靜止站立的形象，而「儿」是人正在走動的形象。

總之，「儿」的本義是「人」，只是跟其它構字部件組合成一個字時，改變部份形體而已。

因此，用「儿」組合的新字，大都與「人」有關；如：允、充、光、兇、先、兌、克、兒、兕、兜等。

查部首時，只要字下有「儿」，就可以查「儿」部，如：兒、先、光、克、兄、兔、充、兇、兢、允；我們叫做「坐人兒」。

注意！這些字也是查「儿」部；「兀」與「元」都是人頭，不可以查「一」部及「二」部；「兄」是哥哥，不可以查「口」部；「免」像是人戴著有裝飾品的帽子，不可以查「刀」部。

不過，這些字也是查「儿」部；「兆、兔」，字義與「儿」無關，但因「儿」在字中很明顯，故為了方便查詢，歸為「儿」部。

牛刀小試

(1) 能（　）
(2) 兒（　）
(3) 兄（　）
(4) 兔（　）
(5) 孰（　）。

（十八）「八」，二畫，有「分別、分開」的意思。

圖示

像兩臂分開垂下或兩人背對背的樣子

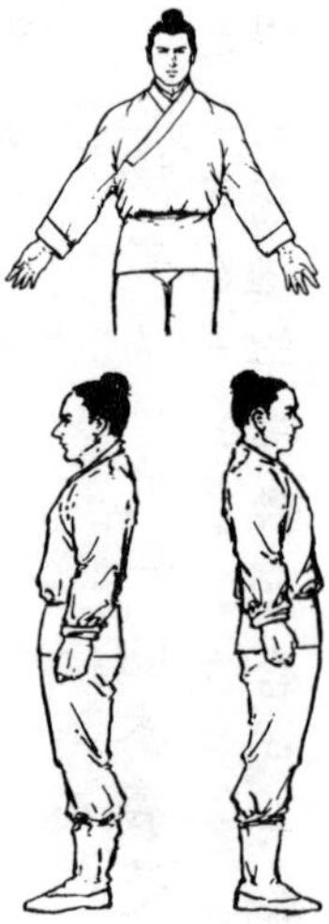

古代文字的形體演變

甲骨文

金文

篆文

隸書

楷書

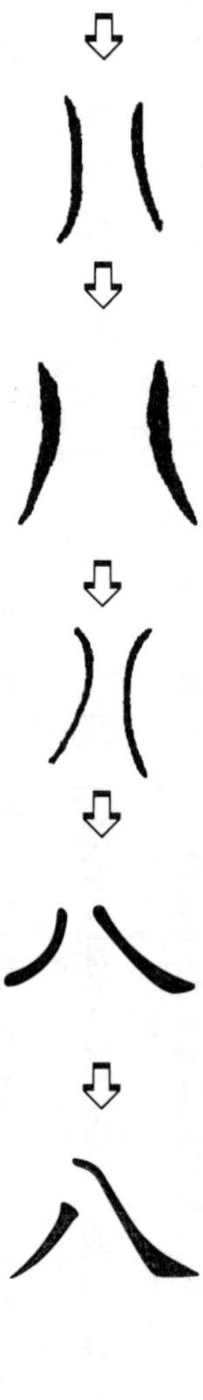

解說

從甲骨文、金文、篆文三者的形體看來，

就像兩個人背對著背的樣子，或像是一個人將兩隻手臂分別向身體兩旁垂下的樣子，或像是

一個東西被分割成兩半，用來表示「分別」、「區分」的意思，所以，「八」是個「指事字」。但是，後來借用為數目字「八」，本來的意思反而沒有人知道了，所以又在「八」的下面加「刀」做為「分別」的「分」的意思。

因此，用「八」組合的字，與「分解」、「分散」、「相背」、「分開」有關；如：兮、公、兼、共、兵、典、冀。

查部首時，有二種情況：

❶字下有「八」：其、六、共、兵、具、典、兼；我們叫它做「八部底」。

❷字上有「八」：公、兮；我們叫它做「八字頭」或「八部頭」。

注意！「六、公、其」是「八」部的字；「六」，本義是具有高腳的盧舍、房屋，下面的「八」其實是屋子的高架腳，現在放進「八」部，只是方便查字，不查「亠」部，因為「亠」部都是其它部首查不到時才用的；「公」，有學者以為像是人的眉毛和嘴巴，所以，「公」就是人的容貌，但一般以為字下是「厶」，就是「私心、私意、自私」，字上是「八」，表示相反，「自私」的相反，那就是公正了，所以查「八」部，不查「厶」部；「其」，像一具簸箕的樣子，查「八」部也是為了方便，不查「目」部。

牛刀小試

(1)兆（　）(2)叭（　）(3)只（　）

(4)合（　）(5)具（　）。

（十九）「又」，二畫，是人的「右手」。

圖示

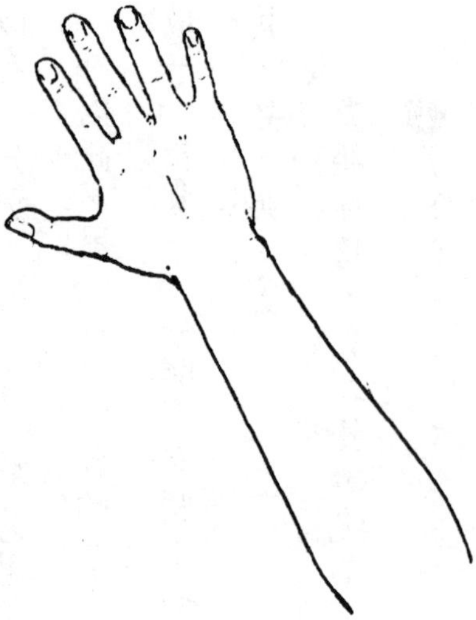

像人右手及手臂的樣子

古代文字的形體演變

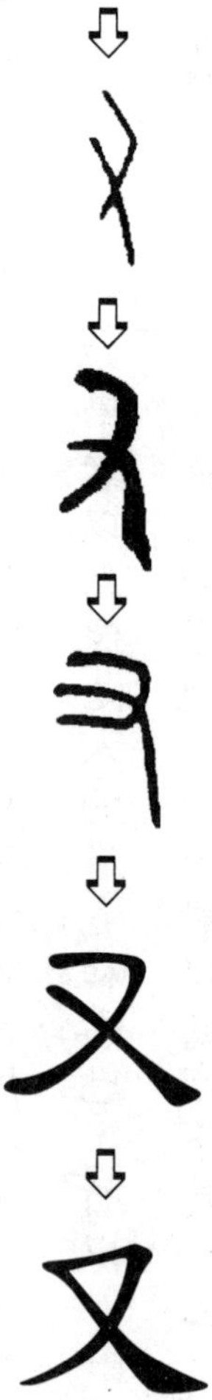

甲骨文

金文

篆文

隸書

楷書

解說

從甲骨文、金文、篆文的形體看來，都像人的一隻右手的形狀，上面用三條線表示很多手指的意思，下面的一豎線表示手臂，所以，

「又」就是右手；是個「象形字」。

因為人們多數用右手來做事情，引申有「幫助」的意思，但是後來被借用為「重覆」、「繼續」的意思，是「再」、「更」等副詞的意思，本來的意思就用「佑」字來代替了。

因此，用「又」組合的字，與「手」、「手的動作」有關；如：叉、友、及、反、取、叔、受、叛、叟、曼、叢。

查部首時，有二種情況：

❶字下有「又」：受、友、反、及、叟；我們叫它做「又部底」或「下右部」。

❷字右有「又」：取、叔、叢、叛；我們叫它做「又字旁」或「右又部」。

另外，「叉、受、曼、取」也是「又」部的字；「叉」，是手指相互交叉的樣子，中間的一點表示插入的意思，不查「丶」部；「受」，像是上面的手將東西給與下面的手，也就是「給予、接受」的意思，不過現在一般指「接受」的意思，所以查「又」部，不查「爪」部，但在本義上，仍可歸為「爪」部來查字的；「曼」，像是上下兩隻手拉開眼皮，想要看得更遠更清楚，所以，有「引、引長」的意思，不查「曰」部，也不可查「日」部；「取」，是用手抓拿耳朵的意思，強調的是用手去拿，查「又」部，不可以查「耳」部。

牛刀小試

(1)叛（　）(2)公（　）(3)反（　）

(4)兢（　）(5)叢（　）。

（二十）「大」，三畫，是一個人正面站立，手腳打開的樣子。

圖示

古代文字的形體演變

甲骨文
金文
篆文
隸書
楷書

解說

從甲骨文、金文、篆文的形體看來，是一個正面站立、張開手腳四肢的「大人」，與「兒（小孩）」的意思相反，是個「象形字」。因為張開四肢的人，跟垂手貼身、雙腳併攏的人比較起來，顯得身體很大，所以，有大小的「大」的意思，與「小」的意思相反。總之，「大」的原本意思是「人」，可是，做為「比較大小」的意思比較常用，反而本來的意思：「人」，就漸漸沒有人知道了。

所以，用「大」字組成的新字，跟「人自己本身」或「人們所做的事」有關，如果互相比較時，屬於「優勢」、「佔上風」的一方，就是與「小」的意思相反；如：大、太、失、夸、奇、奈、奔、套、奢、奮、奪、天、夫、夭等字。

查部首時，有三種情況，

❶字上有「大」：夸、奈、太、奮、奇、套、奔、奪、奈、夸；我們叫它做「大字頭」或「上大部」。

❷字下有「大」：契、奧、奐、天、夫、央、奘；我們叫它做「下大部」。

❸字中有「大」：失、夷、奉、奏、夾。

注意！「夾」是一個人用兩隻手臂夾住東西，所以中央的兩個不是「人」，而是「∧」，只是後來筆畫改變，才寫成現在的樣子。

還有，「樊」是用木頭做成的籠子，與「木頭」有關，要查「木」部。

牛刀小試

(1)伏（　）　(2)友（　）　(3)太（　）

(4)失（　）　(5)犬（　）。

(二十一)「寸」，三畫，是人的手腕底部到手臂上範圍一寸的部份。

圖示

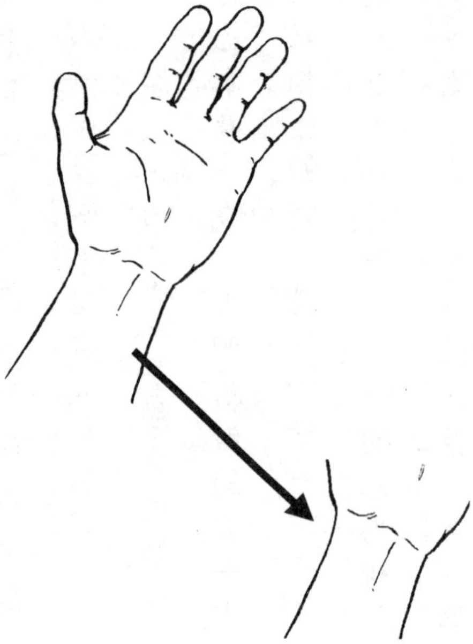

右手

一橫表示這個位置就是「寸」

古代文字的形體演變

金文

篆文

隸書

楷書

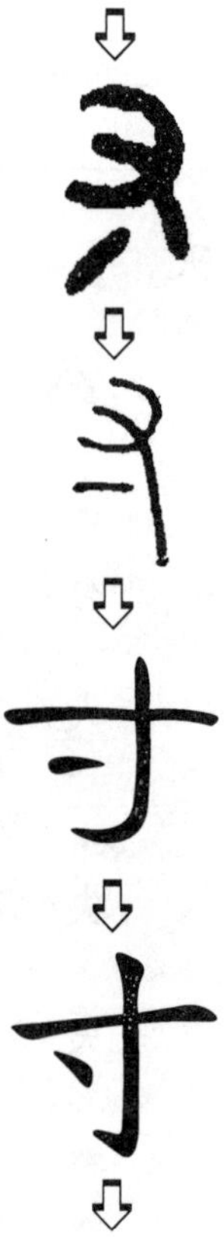

解說

甲骨文的文字裡沒有這個字；在金文的文字中，「寸」常作為組成一個字的「部件」，意思與「又」（手）並沒有什麼不一樣的地方，後來造字的老祖宗在手的左下側加上一小橫，就變成篆文現在的文字形體；所以，「寸」就是人的手腕上、距離手掌一寸、脈搏跳動的地方，也就是中醫所說的「寸口」；從文字的形體看來，篆文的形體和金文的形體大體上相同；是個「指事字」或「會意字」。

因此，用「寸」組合的字，與「手」、「手的動作」有關，又與「長度、法度」有關；如：寺、封、射、尉、專、將、尊、尋、對、導。

查部首時，有二種情況：

❶字右有「寸」：對、將、封、射、耐、尉；我們叫它做「右寸部」。

❷字下有「寸」：導、專、尊、尋、寺。

注意！這些字也是「寸」部的字；「寺」，有學者以為「持」的原本寫法，是「拿」的意思，但也有學者以為是「侍」的原本寫法，是「服侍」的意思，不管什麼意思，都跟「手」有關，查「寸」部，不可查「土」或「士」部，因為「寺」的上面原本寫做「之」；「將」，有學者以為是「扶持」的意思，也有學者以為是「帥」，古代率領軍隊的人，查「寸」部，不可查「爿」部；「尋」，上下是手，中間的「工、口」表示很多的東西，表示翻箱倒櫃在找東西，查「寸」部，不查「彐」部。

牛刀小試

(1)奉（　）(2)及（　）(3)封（　）

(4)寺（　）(5)待（　）。

（二十二）「止」，四畫，是人的腳板與腳趾。

圖示

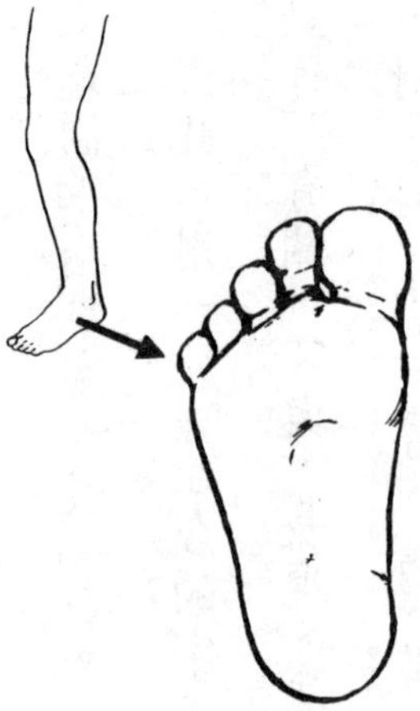

上是腳趾，下是腳跟的腳板

古代文字的形體演變

甲骨文　金文　篆文　隸書　楷書

解說

古代的許多學者都以為「止」是建築物下面的基座、基趾、座台，現在的人一般都說「止」是「停止」的意思，可是，這都不是它本來的意思；其實，「止」就是「腳板和腳趾」。

從甲骨文的形體看來，就像是人腳板的外

形形象，上面是腳趾頭，下面是腳跟，意思是人體器官中、最下面接觸地面的肢體，也可以表示整隻腳，是個「象形字」；後來專門用來做「腳趾」的意思是字的意義縮小了；東周春秋時代以後又做「停止」、「禁止」的意思，甚至後來又引伸為「基址」，所以，本來的意思就很少人知道了。

後來金文和篆文的形體改寫成「止」，就看不出腳板和腳趾的外形形象了。

因此，用「止」組合的字，與「腳」、「腳的動作及動向」有關；如：正、歪、此、歧、步、肯、歲。

查部首時，有三種情況，

❶字下有「止」：正、歷、歪。

❷字左有「止」：此、武、歸。

❸字上有「止」：步、歲。

注意！「武、歷、歸」也是「止」部的字；「武」，有學者以為是拿著「戈（武器）」前去打戰，「止」有行動的意思，過去的說法是以為「止」是禁止，所以，「武」是不再打戰，戰爭結束的意思，不查「戈」部或「弋」部；「歷」，是從山前（厂）種植農作物（禾）的農地走出來（止），也就是「經過」的意思，不查「厂」部；「歸」，是女孩出嫁的意思，所以查「止」部。

牛刀小試

(1)將（　　） (2)叉（　　） (3)正（　　）

(4)兼（　　） (5)歧（　　）。

圖示

（二十三）「方」，四畫，就是四方的「方」。

橫豎直線象四方國界或枷鎖

古代文字的形體演變

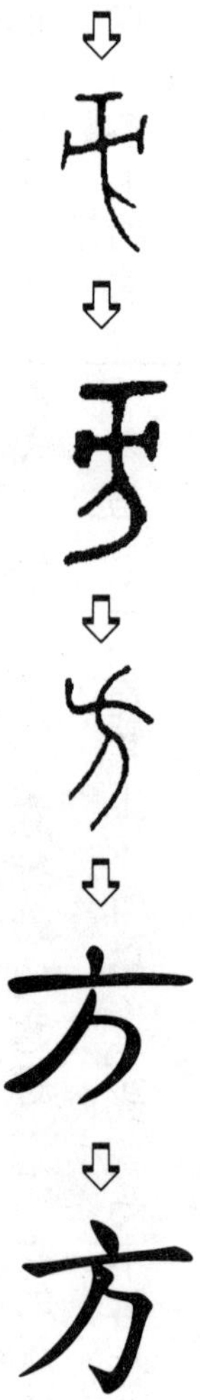

解說

有十種說法：❶像兩條船緊靠併連的樣子，但從甲骨文等形體都看不出來；❷像「耒（農具）」形，古代農人耕種時，常常一起勞動，所以有併連的意思；❸像一個脖子上套著刑具的犯人；❹上面表示國家最外圍的四方國界，下面是人；❺人側面站立在門框中，肩膀和門的兩側構成四面，就是四方的「方」；❻懸掛在架子上的刀；❼古代的「旁」字；❽特殊的人形，指古代邊疆的民族，有「四方」的意思；❾一把刀子在割切東西；❿「方」是「枋」的本字，意思是「刀柄」；是個「象形字」。總之，本來的意思已經沒有人明白，做為「四方」的意思卻比較常用，其至後來還做為方圓的「方」。另外，現今的「方」部另收入古代「㫃」部的字；「㫃(六劃)」：是「旗子」的意思，是個「象形字」。

因此，用「方」組合的字，跟「人、方位」有關；如：於、施、旅、族、旋、旁等字；又跟「旗子」有關；如：旌、旎、旗、旖等字。

查部首時，有二種情況：

❶字左有「方」：於、族、旅、施、旗、旋；我們叫它做「方字旁」；「㫃」部的字又可以叫做「方人旁」。

❷字下有「方」：旁。

牛刀小試

(1)真（　）　(2)施（　）　(3)此（　）

(4)旁（　）　(5)存（　）。

圖示

（二十四）「見」，七畫，是「眼睛看見」的意思。

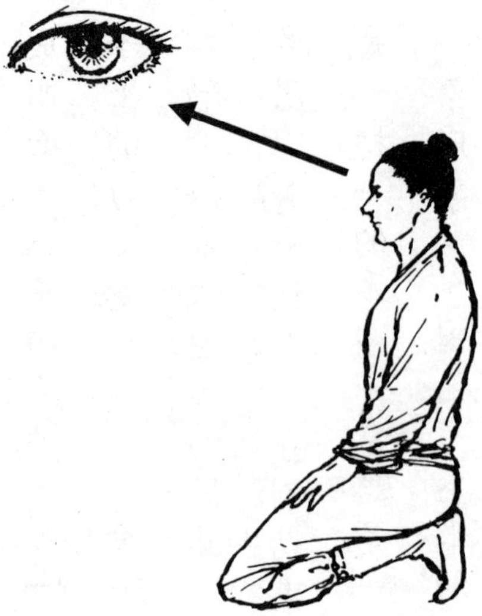

向右跪坐，手扶膝上的人形

特別將眼睛加大

古代文字的形體演變

甲骨文

金文

篆文

隸書

楷書

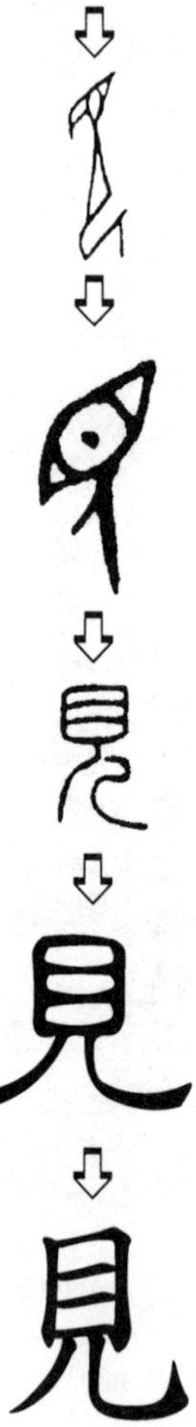

解說

從甲骨文的形體看來，就像是向右跪坐的人形；從金文的形體看來，則像是向右站立的人形，相同的是都將眼睛加大，表現出「看」的意思；從篆文的形體看來，由上面的「目」，和下面的「儿」組成，「目」是眼睛，「儿」

是人，也是突出眼睛的形象；所以，「見」就是「看見」的意思；是個「會意字」。

但也有學者以為：這是一個臉向右看、跪坐的人，頭上畫隻眼睛，來表示「看見」的意思。

因此，用「見」組合的字，與「視覺的動作」、「看」有關；如：規、親、覦、覬、覲、觀、覺、覽。

查部首時，有二種情況：

❶字右有「見」：親、觀、視、規；我們叫它做「見字旁」或「右見部」。

❷字下有「見」：覺、覽。

注意！「覓、視」也是「見」部的字；「覓」，字上是「爪」，字下是「見」，表示用眼睛及手在尋找東西，因為找東西若只用手（爪）的話，容易盲目亂找，一定要用眼睛細心及確定，但也有學者以為「見」是「顯現」的意思，是用手找東西，找到了就表示東西出現了，所以查「見」部，不查「爪」部；「視」，古文字寫做上示下見，「見」表示看見，「示」表示神祇，因為神明可以看得遠、看得清楚，所以，「視」就是看得明白、清楚，不查「示」部。

注意！除了「視」字查「見」部外，大部分字左為其它部首的字，都不查「見」部，如「現、峴、晛、睍、鋧、涀、蜆、俔」等字。

牛刀小試

(1)脅（　　） (2)腔（　　） (3)克（　　）

(4)覺（　　） (5)視（　　）。

（二十五）「走」，七畫，是「快步行走」的意思。

圖示

「走」就是快跑的意思

古代文字的形體演變

解說

甲骨文的文字就像一個人張開左右手前後大幅擺動、跨著大步在跑步，是個「象形字」，但從金文、篆文的形體看來：上面是一個彎著背、雙手擺動幅度很大、向前趕路的人；下面是「止」，是腳板和腳趾的總稱；反而變成了「會意字」；總之「走」古代意思是「跑、奔」。

而我們如果細心去察看古代文字，將會發現古代的人對於不同的行走狀況，有不同的描寫方式；如「步」是兩隻腳交替地前進，也就慢慢地行走，神色輕鬆；「趨」比「步」快一些，只是走快一些而已；「夭」，就像人為了跑，不得不屈身彎腰的樣子，但後來沒有「跑」的意思，純粹表示「彎腰」；「走」，本義和「夭」相同，就是「跑」，換句話說，這已經比「趨」還要快，跑起來了；「奔」，則是在特殊情況下，不得不跑得更快一些，在古字形中，字上像是揮臂跑步的人（夭），下有三隻腳（止），比起「走」字下方只有一隻腳，多了二個「止」，可以知道比「走」還要快了；不禁讓我們感到，古代的人觀察力及描寫能力真豐富，不像現在的我們只能用一大堆的形容詞加上「走」、「跑」來說明不同的行走狀況。

因此，用「走」組合的字，與「行走的動作」、「快、跑」、「快走」的意思有關；如：赴、赳、起、越、超、趁、趙、趟、趣等。

查部首時，只有一種情況，那就是字左有「走」，就可以查「走」部，如：起、趕、越、趙、趁、超、趟、赴；叫它「走部旁」。

牛刀小試

(1) 親（　）(2) 旋（　）(3) 越（　）

(4) 歸（　）(5) 專（　）。

（二十六）「邑」，七畫，是人們聚集，一起生活，有組織的地理區域。

圖示

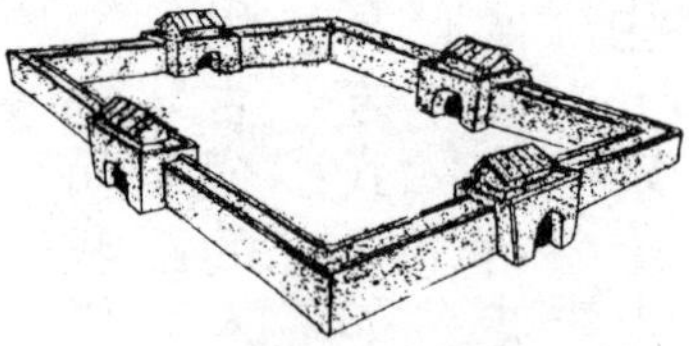

上「口」下「卩」用來表示人們所居住的城市

古代文字的形體演變

甲骨文

金文

篆文

隸書

楷書

解說

從甲骨文、金文、篆文三者的形體看來，

都是上面的「口」，和下面的「卩」組成；「口」，指人們群體居住的地方；「卩」是人；所以，「邑」表示人們聚集在一起居住的地方，是人們共同居住的城市，古代指「國都」，是政治、經濟、文化、軍事的中心所在，也就是現在一個國家的首都；是個「會意字」。

那「里」和「邑」有什麼不同呢？

其實，「邑」是一個有權力的單位，如：政府，強制要人民居住在一個範圍內；而「里」卻是人們自然而然地，為生活而居住在有田地可以種植食物的地方。

因此，用「邑」組合的字，有「國都」、「一般城市」的意思。

注意！直接用「邑」組合的字不多，常見只有「邕」；大部分寫做「阝」；如：邢、邪、邦、那、邵、邸、邱、郊、郎、郁。

用作部首時，寫作「阝」；查部首時，只有一種情況，那就是字右有「阝」，就可以查「邑」部，如：那、都、部、鄉、鄭、鄰、郎、郭、郵、郊、郯、邪、郡、邱、鄧；我們叫它做「右耳旁、雙耳旁、雙耳刀、右耳、雙耳」。

另外，寫在字左邊的「阝」是「阜」，參看「阜」部（下冊）；我們一般都說「左阜右邑」。

牛刀小試

(1)起（　）(2)郯（　）(3)覽（　）(4)歷（　）(5)邪（　）。

（二十七）「乙」，一畫，好像野草從岩石堆裡辛苦地生長出來的樣子。

圖示

解說

或像魚腸、燕鳥、胸骨、鞋子、草木初生彎曲的樣子

古代文字的形體演變

甲骨文

金文

篆文

隸書

楷書

從甲骨文、金文、篆文三者的形體看來，

大體上都一樣，但對於這個字的解釋很多，第一種說法：以為是「玄鳥」，就是俗稱的燕子，是個「象形字」；第二種說法：以為是「胸骨」，也就是胸部中的肋骨形狀；第三種說法：以為是「魚腸形」，也就是魚肚中彎彎曲曲的腸子形狀；第四種說法是：以為是「鳥的最省形」，也就是只簡單勾繪出鳥類動物的大致外形；第五種說法：以為是「履形（鞋子的形狀）」；第六種說法：以為是流水的形狀；總之，說法並沒有確定；一般都以為是「象春草冤曲而出」，意思是好像小草剛開始長大時，從泥土裡努力地鑽出來的樣子，本義是「艱難辛苦」，是個「指事字」。

而用「乙」組成的字，都有「困苦」的意思；如：乞、乾。

用作部首時，有二種寫法：❶乙；❷乚。查部首時，有二種情況，都是沒有其它部首可以查字時使用：

❶字中或字右有「乚」：也、亂、乳；我們叫它做「乙彎鉤」。

❷字中或字右有「乙」：九、乾、乞。另外，這些字也是「乙」部的字：「也」是再一次、同樣艱難的意思、「九」是數目字，古人也有困難的意思，現在都很不容易了解了。

牛刀小試

(1)邱（　）(2)孔（　）(3)乾（　）

(4)叉（　）(5)也（　）。

（二十八）「尸」，三畫，是「一個人端正地坐著，讓人做為祭祀的膜拜對象」的意思。

圖示

古代文字的形體演變

甲骨文 → 金文 → 篆文 → 隸書 → 楷書

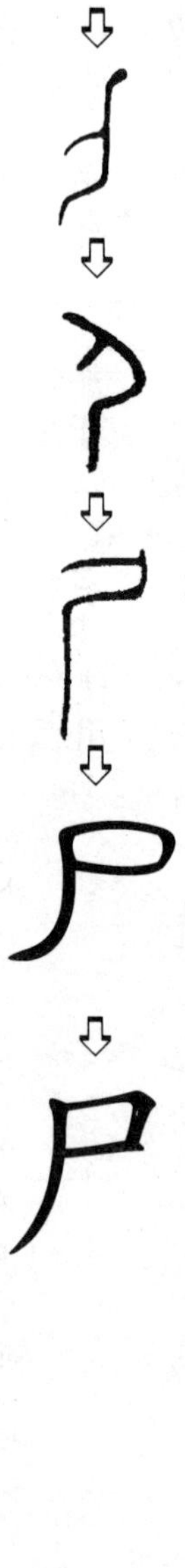

解說

古代祭祀祖先，不像現在拜親人照片就好了，古人為了表達他們的孝心，在宗族裡找面貌像祖先的人，妝扮成祖先來接受祭祀，而這人必須吃祭品，表示祖先很高興。所以，從甲骨文、金文和篆文的形體看來，像「一個人端正坐好的側面形象」；是個「象形字」。而小篆的形體像「臉向著天花板躺臥」的樣子；因此，古代也有「躺臥」的意思。總之，尸是「尸主」的意思。

另外祭祀時，「尸」是代表宗族已經死去的祖先，必須嚴肅且端莊地坐著。所以，「尸」字被假借作「屍體」的「尸」，這是因為親人過世是件很嚴肅且重要的事。結果，一字二義容易混淆，使人迷糊，於是人們在「尸」下加「死」，造了「屍」字，表示「屍體」的意思。如此，「尸」和「屍」的意義才有分別。

因此，用「尸」組成的字，與「人的形體」、「人的行為」有關，有「主持」、「主管」的意思，如：尼、屁、尿、尾、屈、屎。

另外，「屋、居、層」等字，跟房屋宮室有關，沒有「尸」的意思，是「广」、「厂」（下冊）的不同寫法。

查部首時，只有一種情況，那就是字上有「尸」，就可以查「尸」部，如：尺、屋、展、居、層、尾、局、屬、屍、尼、屈、屁、屏、屠、尿、屑、屢；我們叫它做「尸字頭」。

牛刀小試

(1) 觀（　　）(2) 乞（　　）(3) 夾（　　）
(4) 床（　　）(5) 邑（　　）。

（二十九）「曰」，四畫，表示人在說話的意思。

圖示

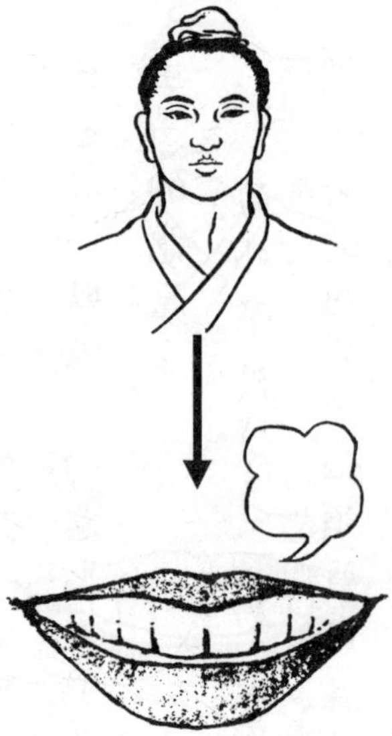

古代文字的形體演變

解說

從甲骨文、金文的形體看來，是由外面的「口」包住「一」組成，而篆文的形體是由外面的「口」包住「乚」組成，不管是「一」或是「乚」，意思都是嘴巴出聲—也就是「說話」的意思；是個「指事字」；但是，也有學者說上面的一橫是說話時，從嘴巴吐出來的霧氣形狀；又有學者以為是空氣從嘴巴吐出來，便發出聲音的意思；總之，「曰」就是「說話」；是個「指事字」。

後來楷書將上面的「一」或「　」連起來，寫得比「日」扁平一些。

因此，用「曰」組合的字，與「說話」、「聲音」、「帽子或遮蔽」等有關；如：曲、書、曹、曳、曷、曼、最。

查部首時，有二種情況：

❶字下有「曰」：會、書、曾、替。

❷字中有「曰」：更、曲。

我們叫它做「扁曰兒」。

注意！「書」，字上是「聿」，古代用來寫字的筆，字下是「者」的省略筆劃寫法，表示很多、眾多，所以，「書」就是記錄眾多事務的意思，應查「聿」部，現在放進「曰」部；「會」，上下像是可以蓋合的容器，中是物品，現查「曰」部，不查「人」部或「入」部。

另外，「曰」與「日」字形一胖一瘦，但在組字的時候，二者容易弄不清楚，應該在字義上來分辨；然而只要放在字左半的一定是「日」（參見下冊）。

牛刀小試

(1)尺（　）(2)兄（　）(3)會（　）

(4)脩（　）(5)曲（　）。

（三十）「行」，六畫，是四面通行的十字路口。

圖示

像四通八達的十字路口

古代文字的形體演變

甲骨文

金文

篆文

隸書

楷書

解說

「行」是由左邊的「彳」和右邊的「亍」組成；「彳」是小步行走；「亍」是停止不走；所以，「行」就是慢慢走的意思。

小朋友，如果你這樣想的話，你就跟很多古人一樣：錯了！

其實，「行」應該是「道路」的意思，尤其指的是四通八達的十字路口，從甲骨文、金文形體看來，都是十字路口的「象形字」；說是「走路」，是後來才有的意思，不是「行」字本來的意義。而篆文的形體變化很大，就看不出道路的形象了。

因此，用「行」組合的字，與「路」有關；又後世引申有「方法、開始、行動、可以」等意思，也與「行」組合的字有關；如：衍、術、街、衙、衛。

注意！「行」在組字時，常在中央放入其它的字，如：「衍」：是左「彳」中「氵」右「亍」所組成的；可是，這一樣是查「行」部。

查部首時，只有一種情況，那就是字的左右是「行」，就查「行」部，如：術、衛、街、衝、衙、衡。

注意！即使「行」字的中間夾著其它的部首，仍舊是查「行」部；如：「衍」，有學者以為是水流向海順流而下，也有學者以為是水在行中，而行有四通八達的意思，所以，衍就是水流漫涎四處的意思，現在放在「行」部；「衛」，是路口有守衛在巡邏、看守的意思，現在也放在「行」部，不查「韋」部。

牛刀小試

(1)更（　　）(2)命（　　）(3)衍（　　）

(4)企（　　）(5)街（　　）。

（三十一）「足」，七畫，就是人的腳。

圖示

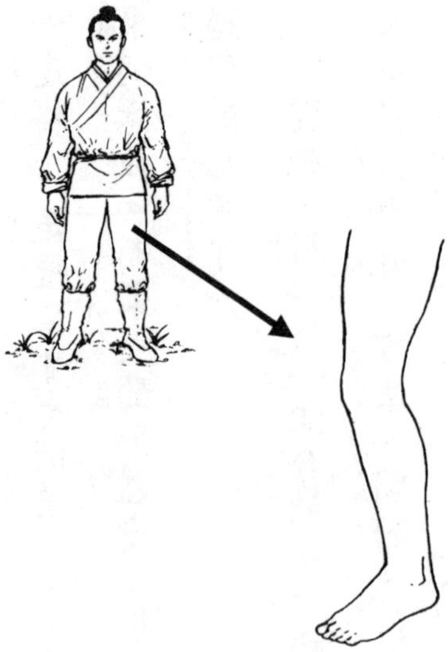

古代文字的形體演變

甲骨文

金文

篆文

隸書

楷書

解說

從甲骨文、金文、篆文的形體看來，都是由上面的「口」和下面的「止」組成；「口」就是人的「膝蓋」，古代學者認為是「脛骨」

的外形，現代則有學者以為是「小腿上的脛肉」；「止」就是腳趾朝上，腳跟朝下的左腳腳板與腳趾的外形；合起來的意思就是：「膝蓋以下的部分」；簡單來講就是人的「腳」；是個「象形字」。

不過，有學者以為上面是「口」，下面是「止」；「口」原本指的是四面封閉的圍牆，表示一個人群居住的地方，這裡可以表示「目的地」；「止」，這裡表示「前往、前進」的意思。所以，「足」就是「向某地前進」的意思，與「正」這個字是一樣的意思。

因此，用「足」組合的字，與「足」、「足的動作」有關；如：趴、趾、跌、跑、距、跫、踅、蹙、躄等字。

用作部首時，有二種寫法：❶足；❷⻊。

查部首時，有二種情況：

❶字左有「⻊」：路、跟、跑、跳、距、踐、跪、踏、跌、蹤、踢、躍、跡、踩、跨、蹦、蹟、蹲、蹄、躁、蹈；這種情況最多，我們叫它做「足字旁」、「左提足」或「左足部」。

❷字下有「足」：跫、踅、蹙、躄；我們叫它做「足路兒」、「下足部」或「足部底」。

注意！字左有「⻊」，即使字右有其它部首，仍舊是查「足」部，如：「趴、趾、跛、跟、踩、踟」。

牛刀小試

(1)故（　　）(2)趾（　　）(3)直（　　）
(4)分（　　）(5)踅（　　）。

（三十二）「食」，九畫，就是「吃」的動作。

圖示

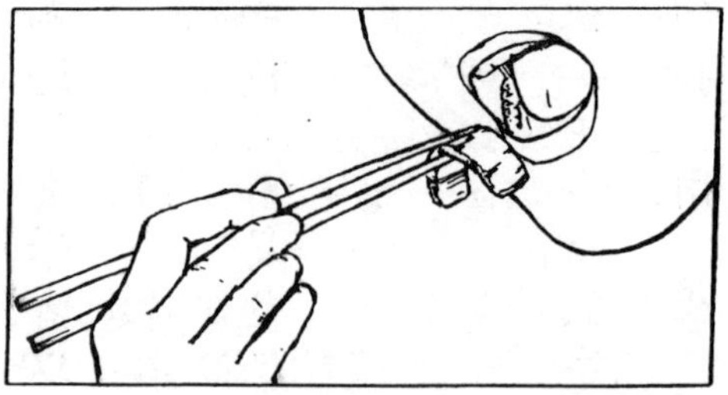

古代文字的形體演變

解說

從甲骨文、金文的形體看來，下面像裝滿米粒的容器（也就是「豆」）的外形，上面的「亼」表示容器中米粒很多的意思；從篆文的形體看來，學者以為是由「亼」、「皀」組合的；「亼」是古代房屋最上面突起的部分，叫做「屋脊」，因為屋脊是結合兩邊傾斜的屋頂，所以有「集合」「聚集」的意思；可是，也有人對這裡的「亼」有不同看法：有人以為是「口的變形」，好像張著大口，舌頭吐出來的樣子，但也有人以為是「蓋東西的蓋子」；是個「會意字兼形聲」。

而「皀」就是簋，是古代用來裝食物的容器，裡面裝食物的地方是方形的、容器外面的形狀是圓形的；用現代人的觀念來說，也可以說是「碗」。

總之，「食」就是用碗裝滿食物，用嘴巴去吃，也就是「吃東西」的意思。

因此，用「食」組合的字，跟「食物」、或「吃食物」有關；如：飢、飣、飥、飲、飯、飭、飪、飩、養、餈、餐、餮、饗、饔、饕。

用作部首時，有二種寫法：❶食；❷飠。

查部首時，有二種情況：

❶字左有「飠」：飯、館、餘、餓、飲、餅、飽、飾、餵、饒、飼、飢、餒；我們叫它做「食字旁」或「左食部」。

❷字下有「食」：養、餐、饔。

注意！「飧」，就是晚餐，也是「食」部的字，不查「夕」部。

牛刀小試

(1) 養（　　）　(2) 踏（　　）　(3) 餓（　　）

(4) 居（　　）　(5) 趙（　　）。

第三類常用部首

（三十三）「丿」

「丿」，一畫，是個單純的符號，只是為了方便在字典裡來查字時使用。

圖示

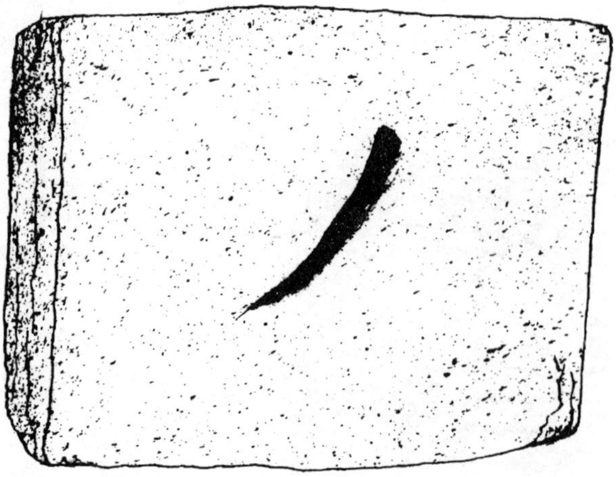

像做農事用的大剪刀

後假借為向左一撇

古代文字的形體演變

甲骨文

金文

篆文

隸書

楷書

解說

從金文和篆文的形體看來，就是由右向左一撇的意思，是個「指事字」。

然而，若從甲骨文的形體看來，有學者以為是古代的農民使用的「剪刀」；也就是農民在做農事時所使用的工具；是個「象形字」；如果這麼說來，由右向左這個意思反倒是後來的「假借義」了。

不過，用「丿」組合的字，只是跟「丿」的外表很相像，沒有意義上的關連；如：乖、乘、乏、久、乎、乍、乃、尹、之。

查部首時，只要是其它部首查不到時，而字中又有「丿」時，可以查「丿」部，如：之、久、乎、乘、乖、乏、乃；我們叫做「一撇兒」。

以下這些字都不是「丿」部的字，因為字中有其它部首；「反」查又部；「兵」查八部；「夭」查大部；「匈」查勹部；「后」查口部；「吞」查口部；「向」查口部；「看」查目部；「胤」查肉部等。

注意！這些字比較特殊，字中雖然有其它部首，仍然查「丿」部；如「么」，是「幺」字的不同寫法，「細小」的意思，與「厶（私）」沒有意義上的關係，不查「厶」部；「之」，前往某地的意思，與「丶（火柱）」沒有意義上的關係，不查「丶」部。

牛刀小試

(1)之（　　）(2)右（　　）(3)乎（　　）(4)規（　　）(5)乃（　　）。

（三十四）「入」，二畫，就是「進入」的意思。

圖示

像尖銳的鑿子或像將水傾注的樣子

古代文字的形體演變

甲骨文

金文

篆文

隸書

楷書

解說

從甲骨文、金文、篆文三者的形體看來，

到底是怎麼樣來表示「進入」的意思呢？說法有很多種：第一種說法是：以為金文的形體像

是一個尖銳的物體形狀，或者說像鑿子一般的工具，可以插入任何的東西；第二種說法是：以為小篆的形體像植物的根在地底下的樣子，也就是從上面到下面，由泥土外面進入到泥土裡面的意思；第三種說法是：以為應該理解為水（或者其它的流狀物、散碎性的物質）從上面向一個物體（比方像瓶子）的內部全部傾注的形狀；第四種說法是：以為是高臺的一種，屬於比較考究的房子；第五種說法是：以為像是矢矛一類的箭鋒；總而言之，這個字是用什麼實物形體來模仿的，現在已經不能考證明白了，可以確定的是，「入」是個「指事字」。

不過在查部首時也不難記，因為常用的字只有三個：內、全、兩。

查部首時，只要其它部首查不到字時，而字中又有「入」，就可以查「入」部，如：兩、全、內；我們叫它做「入字頭兒」。

注意！以下是常會混淆的字：「今、介、令、企、余、俞、倉、傘」等八字查「人」部；「兮、公」查「八」部；「分」查「刀」部。

另外要注意的是：不要和「人」部、「八」部混淆了；「人」字是右撇較高，「入」字是左捺較高，「八」字是右撇左捺分開。

牛刀小試

(1)全（　　）(2)合（　　）(3)令（　　）

(4)兩（　　）(5)拾（　　）。

圖示

（三十五）「卩」，二畫，是人側面跪坐的外形。

古代文字的形體演變

甲骨文
金文
篆文
隸書
楷書

解說

從甲骨文、金文、篆文的形體看來，像一個人臉向右看，雙手放在腳上，跪坐在腳踵上的側面人形；因為古人的衣服就像現在裙子的樣子，跪坐可以防止下體暴露，是種有禮貌、有規矩的表現。

《甲骨文編》這本書更說古代「尸」、「卩」是同一個字。而古代學者又以為是「骨節」的形狀。是個「象形字」。不過，古代學者卻表示：這是代表身分和權力的信物；「卩」就是「節」，上面是符節，下面是符柄，是古代制度，將信物剖成兩半，就是「卩」，一半藏於朝廷，一半由官員保留，等有事宣布，由朝廷派人持「節」前去核對。

總之，「卩」是人坐姿有規矩，很莊重，而符節的意思是假借「必須守規矩」的意思，引申出「身份」、「權力」、「地位」的意思。因此，用「卩」組合的字，與「坐、跪、一些坐著操作的勞動內容」有關；如：卯、印、卵、卸、卿。

用作部首時，有二種寫法：❶卩；❷㔾。

查部首時，有二種情況：

❶字右有「卩」：卻、即、印、卵、卿；我們叫它做「腳刀儿」、「硬耳朵」、「單耳朵」、「單耳旁」、「單耳刀」或「單耳」。

❷字下有「㔾」：危、卷；我們叫它做「彎耳朵」或「彎耳底」。

另外，「卩」與「阝」是不同的；參看「阜（下冊）」部及「邑」部。

牛刀小試

(1) 誰（　）(2) 卯（　）(3) 尋（　）

(4) 卷（　）(5) 姜（　）。

圖示

（三十六）「欠」，四畫，就是人在打哈欠，來喘口氣的意思。

人張口打呵欠的樣子

古代文字的形體演變

甲骨文

金文

篆文

隸書

楷書

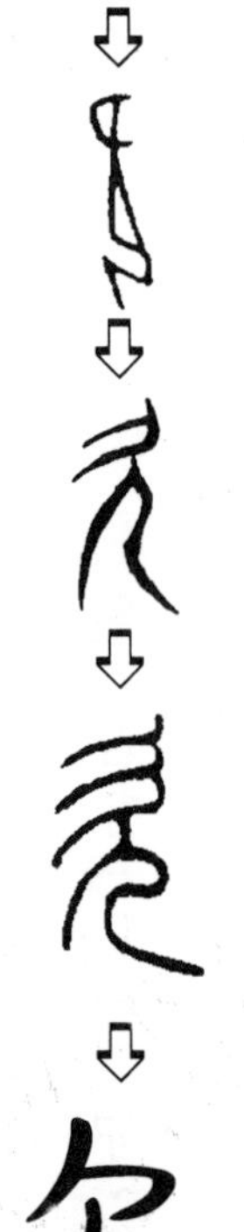

解說

從甲骨文的形體看來，好像一個向左側身跪坐的人，張大嘴巴、吐出氣體的樣子，也就是「打哈欠」的意思；從金文和篆文的形體看來，外形改變一點點，改成向右側身的人形，又把口中吐出的氣用二撇或三撇（丿）來表現，就好像吐了一口長氣呢！是個「指事字」。

因此，用「欠」組合的字，多與「吸氣」、「呼氣」、「說話」、「言語」、「口」、「缺少」、「欠缺」有關；如：款、欺、歇、歉、歌、歐。

查部首時，只有一種情況，那就是字右有「欠」，就可以查「欠」部，如：次、歡、歌、欣、歐、欺、款、欲、欺、欽、歇。

注意！「次、欣、欲、欽」這些也是「欠」部的字；如「次」：字左是「二」，表示不是最好的，而是第二等以後，「欠」表示缺乏、不足，所以，「次」就是不是最好的、有缺陷的意思；不查「二」部及「冫」部，而且字左也不是「冫」；「欣」：字左為「斤」，原本的意思是斧頭，因為斧頭砍樹木時，聲音一般是很規律的，用來表示人高興時，快樂而持續不斷的笑聲，所以，「欣」是高興的意思；不查「斤」部；「欲」：本義是人的欲望，欲望往往都是難以滿足的，「谷」是山凹的地方，表示不足，「欠」表示缺乏；不查「谷」部；「欽」：本義是敬佩的意思，人的心中有比不上他人的地方才會佩服；故查「欠」部。

另外，「砍」是「石」部的字。

牛刀小試

(1) 盲（　） (2) 欣（　） (3) 折（　）

(4) 孟（　） (5) 欲（　）。

（三十七）「白」，五畫，本來的意思並不清楚，現在都指顏色——「白色」。

圖示

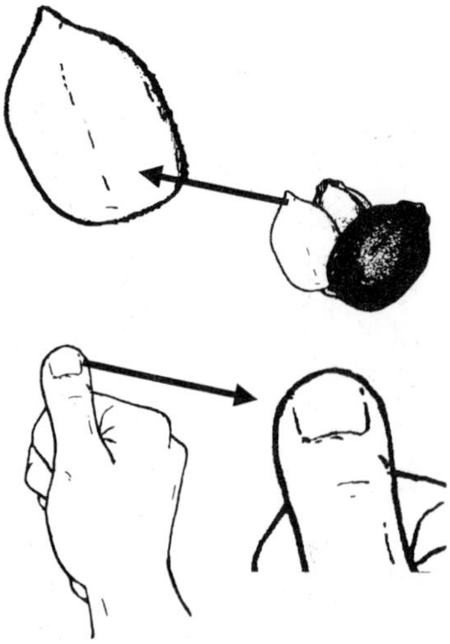

像瓜子仁或大拇指
後來假借為顏色的「白」

古代文字的形體演變

甲骨文
金文
篆文
隸書
楷書

解說

顏色是很抽象的東西，不容易表示，所以，必須用實物來幫忙；從甲骨文、金文、篆文的形體看來，也有很多種說法；第一種說法：以為像大拇指的外形；第二種說法：以為是白色陶器的食具，盛滿白色米飯的樣子，下面像食具，上面像堆出的米飯；第三種說法：以為像燭火，一橫表示燭蕊或燈蕊，本來的意思是明亮、光明；第四種說法：以為是一粒米的形狀；第五種說法：以為是瓜子仁的形狀；第六種說法：以為是太陽射出的光線形狀，加一條線表示閃光。總之，是借用某個實物的外形，加以模仿造字，只是現在沒有人知道本來的意思，但肯定是個「象形字」，後來才借用為白色的「白」。

因此，用「白」組合的字，與「亮」、「陳述」、「稟報」、「白色」有關；如：皁、皇、皋、的、皈、皎、皙。

查部首時，有三種情況，都是其它部首查不到字時使用：

❶字左有「白」：的、皎、皖、皓、皚；我們叫它做「白字旁」或「左白部」。

❷字上有「白」：皇、皂。

❸字下有「白」：百、皆。

注意！「百」：有學者以為是「白」字變化形體而成，不查「一」部；「皆」：全部都是的意思，現查「白」部。

牛刀小試

(1)百（　）(2)免（　）(3)皂（　）

(4)的（　）(5)次（　）。

（三十八）「立」，四畫，是一個人正面站立的樣子。

圖示

古代文字的形體演變

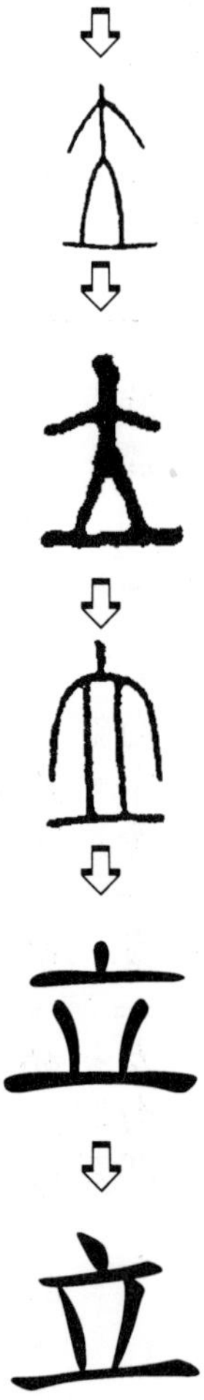

解說

從甲骨文、金文、篆文的形體看來，就像人站在地面上；下面的「一」橫是「地面」；上面是「大」字，是人立正站好；

學者以為是「形聲」、或「合體象形」、或「會意」、或「形聲」，這可說各種說法都有了，其實，「大」是「象形」，「一」說是「指事」或地面的實象，說是「會意字」或「合體象形字」比較好理解。不過，從詞性－動詞去看，「立」是「指事字」，一般也多用這個意思。

因此，用「立」組合的字，都有「站立」的意思；後來，從站立引申出「做一件事」，如：豎立、建立、設立；而做一件東西，就必須要好要「快」，引申有「馬上、迅速」的意思，如：立刻。

查部首時，有二種情況：

❶字左有「立」：站、端、竣、竦、竭；這種情況最多，我們叫它做「立字旁」或「左立部」。

❷字上有「立」：童、競。

注意！「童」是有罪的男奴隸，上是「辛」不是「立」，「辛」表示「犯錯有罪」；「競」在古文字中，上面兩個「言」，下面兩個「儿」，是「比賽說話」、「辯論」；現在這兩字放在「立」部裡頭，是字形形體改變、為了查詢方便而已，跟「立」的意思無關。

牛刀小試

(1)奮（　　）(2)童（　　）(3)奘（　　）(4)竦（　　）(5)將（　　）。

（三十九）「耳」，五畫，就是人的「耳朵」。

圖示

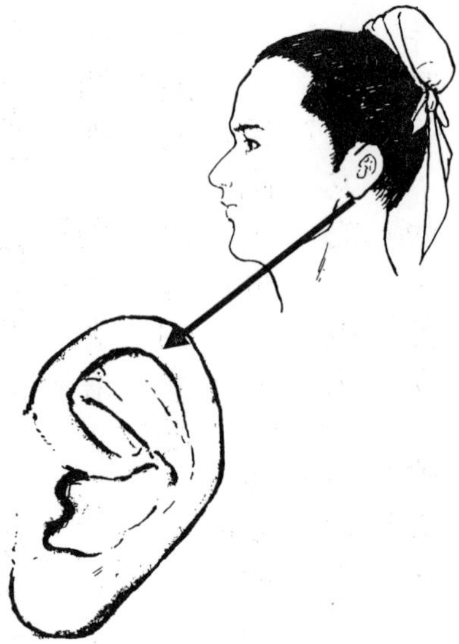

像人整個耳朵的外形

古代文字的形體演變

甲骨文　金文　篆文　隸書　楷書

解說

從甲骨文、金文的形體看來，外面的缺圓像「耳殼」，缺圓裡有「耳孔」，就是一隻負責聽覺的器官：「耳朵」；是個「象形字」。

但篆文的字形形體就看不大出來了。

因此，用「耳」組合的字，與「耳朵」、「聲音」、或「外形像耳的物品」有關；如：耿、耽、聲、聳、聱。

查部首時，有二種情況：

❶字左有「耳」：聆、聽、聘、聖、聯、職、聰、聊、聚、耶、耿、耽、聶。

❷字下有「耳」：聲、聞、聳、聱、聾。

注意！這些字也是「耳」部的字；「聖」是一個人博學多聞、很有知識學問的意思，因此，這個人一定善於聆聽（古代書籍並不普遍），才能得到這麼多知識，所以，與「耳」有關；「聞」是從門內聽到的消息，不是自己到外面親身經歷、體驗的事情，也就是「聽到」、「聽說」的意思，查「耳」部，不是「門（下冊）」部的字；「耿」原本的意思並不清楚，由左邊的「耳」和右邊的「火」組成，學者的說法中都有「光明」的意思，卻沒有談到為什麼字中有「耳」，現在為了查字的方便，放在「耳」部，不查「火（下冊）」部；「聾」，指的是耳朵聽不到聲音的人，跟「耳」有關，不查「龍」部；「耶」，古代寫作「邪」，古代文章裡的語氣疑問詞，不查「邑」部；「聚」，是眾人集合的意思，現在在進「耳」部來查字。

牛刀小試

(1)站（　　）(2)職（　　）(3)聞（　　）

(4)歲（　　）(5)皆（　　）。

圖示

（四十）「音」，九畫，是種有規律，令人聽起來很舒服的聲音。

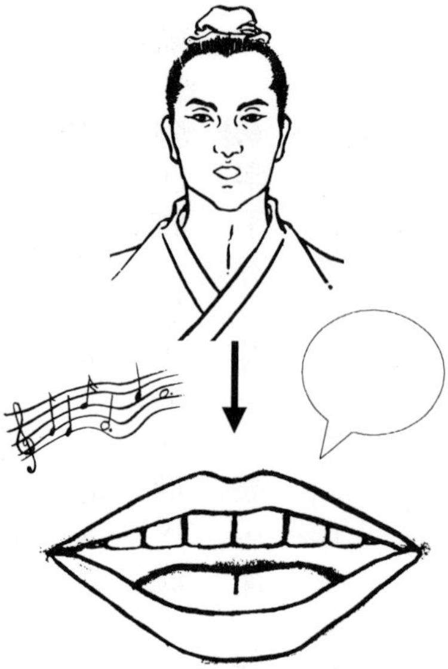

「音」與「言」同字
後來表示有規律、單純、
令人舒服的聲音

古代文字的形體演變

甲骨文　金文　篆文　隸書　楷書

解說

「音」和「言」在甲骨文的形體中，其實是相同的；在金文的形體中，就常用「言」代替「音」；在字形上，到了篆文的形體才在「言」

字下面的「口」中，加一個指事符號「一」，特別表示這是從嘴巴裡發出來的聲音，是一種有快有慢、有特殊速度的聲音，是個「指事字」。這樣講不容易了解；只要分辨「音」、「聲」、「言」、「曰」有什麼不同，就可以明白了。「曰」是說話的意思，字形中的一橫是說話時，從嘴巴出來的空氣形象，強調的是「說」這個動作。「言」就是說出有意義的話，怎麼要才叫有意義呢？那就是要別人能夠聽得懂你的意思。所以古人說，直接說出來一件事就是「言」。「聲」：也就是「音」，最大的不同在，「聲」必須要有耳朵聽才行，「音」卻不用；換句話說，是強調「耳朵聽」的意思。而「音」強調的是一種單純的聲音，沒有意義，可是卻令人感到舒服，所以，也有人說，悅耳動聽，有節奏韻律就是音，只是怕和音樂容易混淆，也就是說，「音」跟「音樂」的「音」本來沒有意義上的關係，只是後來引申時，才有「音樂」的「音」這個意思。

總之，用「音」組合的字，跟「聲音」有關；現在也指「音樂」；如：章、竟、韶、韻。

查部首時，有二種情況：

❶字上有「音」：竟、章。

❷字下有「音」：響。

牛刀小試

(1)超（　）(2)竟（　）(3)聳（　）

(4)郵（　）(5)響（　）。

（四十二）「亠」，二畫，只是為了方便查生字時而創造的部首，沒有任何意義。

圖示

取「亢」字偏旁，無義

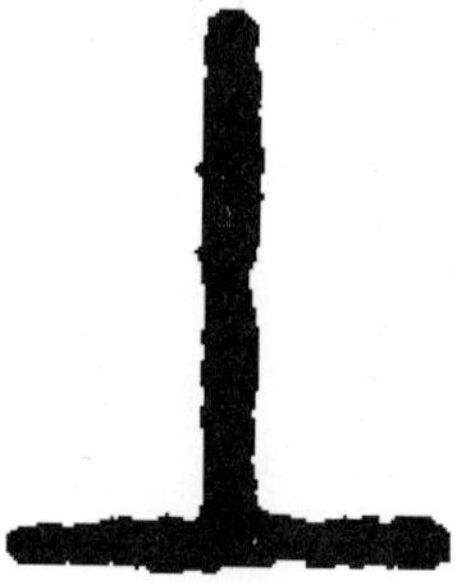

古代文字的形體演變

篆文

隸書

楷書

解說

甲骨文和金文的文字裡，沒有這個字；從篆文的形體看來，「亠」只是古代人為了查字的方便，而創造的一個部首，是拿「亢、交」等字的上部偏旁部件，所以，只是純筆劃的部首，沒有任何的意義；是個「指事字」。

因此，用「亠」組合的字，只能看那個字常用的意義是什麼，不能單靠部首去了解了；如：亡、交、亦、亥、亨、享、京、亮、亭。而且，查「亠」部時有幾個地方要注意！

❶「主」查「丶」部，不查「亠」部，另外如「丹」也是「丶」部的。

❷「文」查「文」部，不查「亠」部，所以，只要字中有「文」，查「文」部，不查「亠」部。

❸只要字的裡面有「立」這個構字部件，就查「立」部，不查「亠」部；但字的裡面有「音」這個構字構件，則查「音」部，不查「立」部。

❹字的裡面有「高」這個構字部件，查「高」部，也不查「亠」部。

所以，只要沒有上述四點問題的字，而且，字的上面又有「亠」這個構字部件，就可以查「亠」部，叫它做「六字頭」、「一點一橫」、「點橫頭」或「文字頭」。

牛刀小試

(1)章（　　）(2)聚（　　）(3)倍（　　）

(4)尾（　　）(5)享（　　）。

（四十二）「冖」，二畫，是向下遮蓋的意思。

圖示

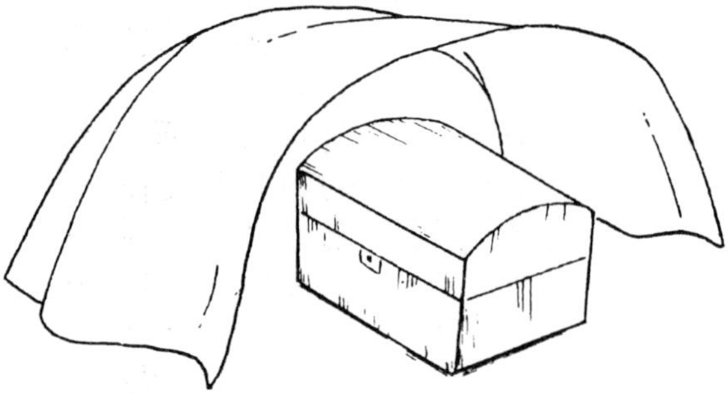

像用布去覆蓋物品

古代文字的形體演變

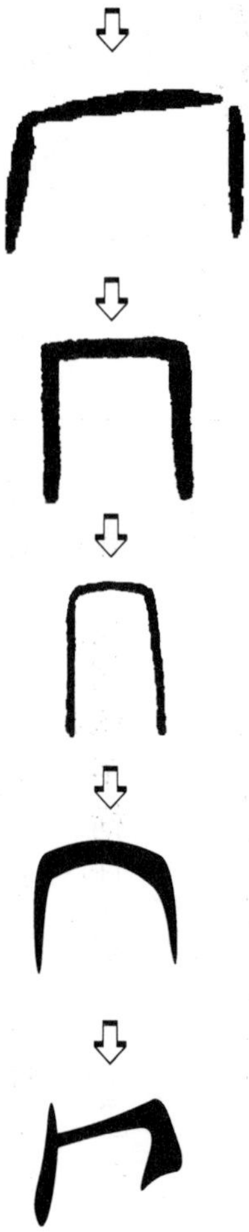

甲骨文

金文

篆文

隸書

楷書

解說

從甲骨文、金文、篆文三者的形體看來，

就是一個物品，被一塊布或絲織品覆蓋住，上面的一橫是布或絲織品的頂端，兩旁是披垂在物品周圍的布，所以，「冖」就是「往下覆蓋」的意思，是個「象形字」。

可是，也有人以為這只有「覆蓋」的意思，並沒有特別說是用「布」這類的絲織品，認為是「指事字」；其實，這兩種說法是可以互相參考的，也讓我們更了解這個部首。

因此，用「冖」組合的字，與「覆蓋」、「遮掩」有關；如：冠、冤、冥、冢。

查部首時，只要字的上部有「冖」，可以查「冖」部，如：冤、冠、冥；我們叫它做「禿寶蓋」、「平寶蓋」。

注意！這些字要小心辨別：

「冗」，原本的意思是一個人在屋子裡沒有事好做，也就是無所事事，閑散的樣子，也表示剩餘、沒有用的意思，字上本來寫做「宀」，後來寫作「冖」，不查「宀」部。

「冢」，就是墳墓，小篆寫作外「勹」內「豕」，「勹」指泥土覆蓋裹合的意思，「豕」指豬的四腳綁在一起，表示泥土和棺木合而為一的意思，不查「豕」部。

注意！「冖」、「冂」與「宀（下冊）」是不一樣的，「宀」是「冖」的上面多了一點，「冂」的左右筆劃都比「冖」長，都要小心分辨。

牛刀小試

(1) 更（　　）　(2) 冥（　　）　(3) 亥（　　）

(4) 韶（　　）　(5) 單（　　）。

（四十三）「冂」，二畫，是遠方的意思。

圖示

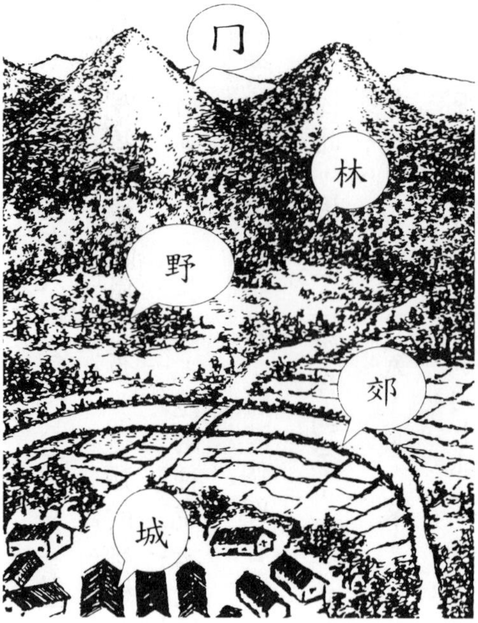

上為距離很遠的地方

下為人們居住的地方

古代文字的形體演變

金文

篆文

隸書

楷書

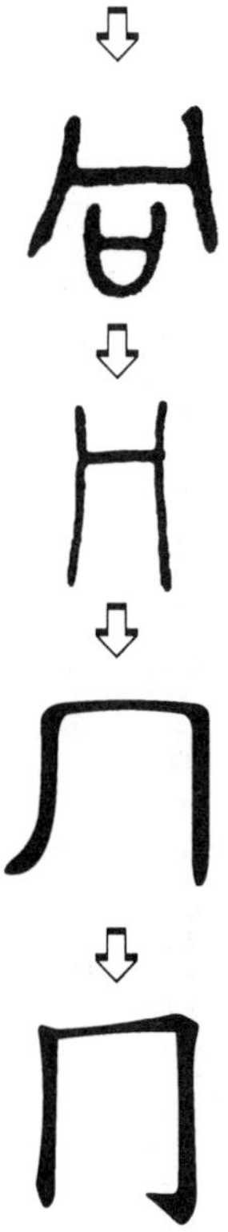

解說

就是離城市很遠的地方，也就是「遠方」的意思；甲骨文沒有這個字；從金文的形體看來，下面的「口」表示人們所居住的城市，「冂」表示距離城市很遠的地方；是個「指事字」。從篆文的形體看來，學者以為左右兩條豎畫像是空間的延伸，「一」表示界線、國界，也表示很遠的地方。

不過，也有很多人表示不同的意見；有人以為像是「高」、「京」等字，字形形體上面像高樓的觀樓，下面像高樓的基座；也有人以為這是像古代設立在國界或邊界上的牌子，下面的「口」是堆土表示界線，表示為邊界、界線的意思；另外，也有學者以為上面像是覆蓋的物品，下面是「扃」；沒有一定的說法，所以，用「冂」組合的字，在意義上似乎令人難以了解。

古人說：城市的外面叫做「郊外」，比效外更遠的地方叫做「野外」，比野外更遠的地方叫做「林」，比林更遠的地方就叫做「冂」。

因此，用「冂」組合的字，多數沒有意義上的關連，只能從字的本義上去了解；如：冉、冊、再、冒、冑、冕。

所以，字的上、下部有「冂」，字中又沒有其它部首可以查詢，就可以查「冂」部，叫它做「同字框」、「周字框」或「用字框」。

牛刀小試

(1)衝（　） (2)冒（　） (3)間（　）
(4)冊（　） (5)冉（　）。

（四十四）「小」，三畫，是形狀微小的意思。

圖示

以三點表示很小的意思

古代文字的形體演變

甲骨文

金文

篆文

隸書

楷書

解說

從甲骨文、金文的形體看來，就像外形及

體積很小的東西，畫三點表示「小」的意思。從篆文的形體看來，有人以為是一件很小的東西，將它切成八分，就更小了；有人也說：這是拿「米粒」來表示很小的意思；另外，也有人以為是雨滴，雨滴的外形可以說是很小的了；有的學者又以為是「苗」字最早的寫法，就像禾苗的形狀；或者，又以為像細小的沙粒形狀；總之，最早是什麼實際物體做為模仿的對象，現在已經沒有人知道，相同的地方是，大家都認為「小」是個「指事字」。

不過，也有學者以為「小」是「象形字」，是「沙」字最早的寫法，而比較大小的這個意思，卻是後來的引申出來的意義；這種說法可以做為我們的參考；總之，「小」就是「大」的相反意思。

因此，用「小」組合的字，有「小」的意思；如：少、尖、尚。

查部首時，只有一種情況，那就是字的上面有「小」，就可以查「小」部，如：少、尖、尚，可以叫它做「小部頭」或「上小部」。

注意！「小」部的常用字很少，只有「小、少、尖、尚」四個字，不容易弄錯，不過要小心的是：「尖」不是「大」部的字，意思是頂部銳利的物品，銳利的地方自然很小，不查「大」部。

牛刀小試

(1)危（　）　(2)冑（　）　(3)奐（　）

(4)少（　）　(5)尚（　）。

（四十五）「彡」，三畫，是花彩、紋路交錯的樣子。

圖示

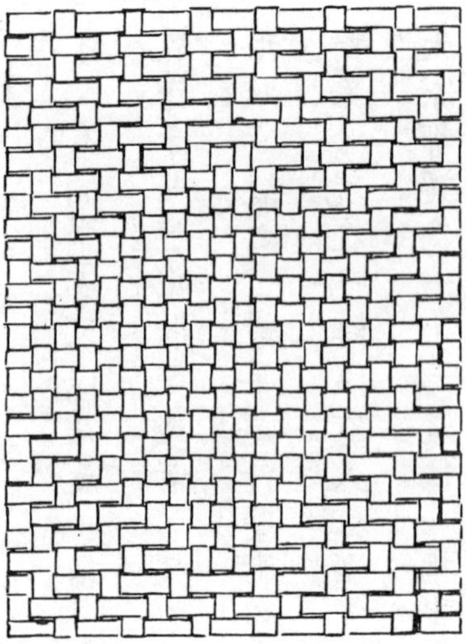

用三條線表示花紋、紋理、紋飾

古代文字的形體演變

甲骨文

金文

篆文

隸書

楷書

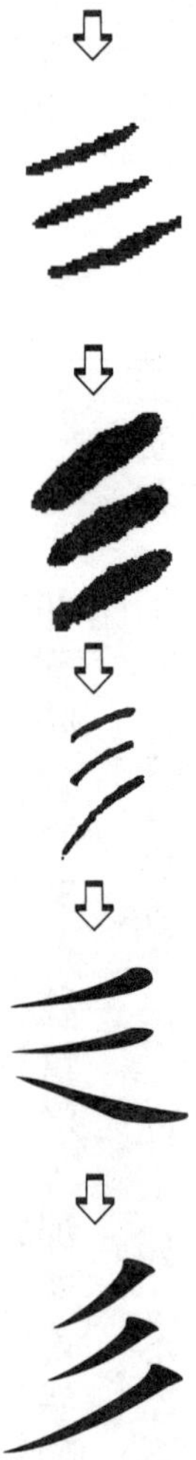

解說

從甲骨文、金文、篆文的形體看來，用三撇來表示「彩色紋飾」等等的「花紋」；但是用什麼實物的形象，來做為造字的模仿依據，沒有一致的說法；有人說：像是物品表面上的裝飾品，如：羽毛或雕刻繪製的花紋等；又有人說：這是幾根牛毛的形象，或者像是鬍鬚、毛髮的形象；總而言之，畫三撇是多數、數量很多的意思；是個「象形字」。

因此，用「彡」組合的字，與「毛髮」、「圖畫文飾」、「修飾」有關；如：彤、形、彩、彫、彭、彰、影。

查部首時，只有一種情況，那就是字右有「彡」，就可以查「彡」部，如：形、影、彩、彰；我們叫它做「三撇兒」。

注意！「彩、彥、彬」也是「彡」部的字：

「彩」是色彩的意思，不查「采」部。

「彥」是有品德、有才德的人，就像色彩一樣，是人群中、表現傑出的人，現在放在「彡」部，不查「文」部。

「彬」指一個人很禮貌，打扮談吐都很得宜，不查「木」部。

另外，這些字不是「彡」部的字：

「彪」：身上有漂亮花紋的老虎，現在查「虎」部。

「須」：臉上長滿鬍子的樣子，現在查「頁」部。

「參」：加入在一起，現在查「厶」部。

牛刀小試

(1)冗（　）(2)影（　）(3)次（　）

(4)形（　）(5)圃（　）。

（四十六）「殳」，四畫，是手拿東西去敲打、撞擊的意思。

工具：或農具、武器、樂器

圖示

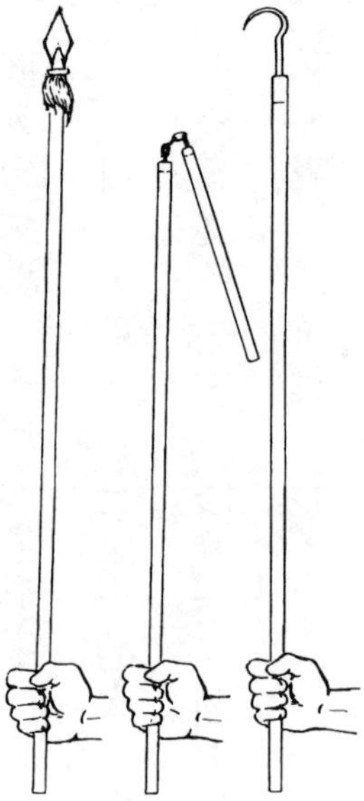

古代文字的形體演變

甲骨文

金文

篆文

隸書

楷書

解說

從甲骨文的形體看來，好像是右手拿著長木柄的工具，所以，有學者表示：這個字像右手拿著一種把柄很長，前頭是彎曲的勾子，或是彎曲的勾刀形狀的器具，可以用來拿東西，也可以用來打擊樂器，後來更成為一種用竹子或木頭來制做的兵器，長度一丈二尺；但也有人說：這像是右手拿著連枷，因為連枷是敲打穀粒的農具，所以有「敲打」的意思；後來更引申成為手拿各種不同工具、甚至是武器、兵器來攻擊人，有的學者就以為這是手拿著長木杖來隔絕人，讓別人不能親近、靠近，就是「隔絕」的意思；與「攴」、「又」等部首的意思有部分是一樣的；總之，就是「右手拿著某種工具，可以擊殺人、或進行勞動工作」等等，是個「會意字」。

因此，用「殳」組合的字，與「敲打」、「殺」、「打擊」、「手持器具機械的動作」有關，如：段、殷、殺、殼、毀、殿、毅、毆。

查部首時，只有一種情況，那就是字右有「殳」，就可以查「殳」部，如：殺、段、殿、殼、毅、殷、毀；我們叫它做「几又旁」或「几又邊」。

注意！這些字不是「殳」部的字：

「穀」：是禾稻成熟的果實，查「禾」部。

「股」：大腿的意思；查「肉」部。

「轂」：車輪中間轉動的部分，也就是「車軸」；查「車」部。

牛刀小試

(1)競（　　）(2)役（　　）(3)殺（　　）

(4)聖（　　）(5)段（　　）。

（四十七）「父」，四畫，也是手拿勞動工具工作的人，後來特別用來表示「父親」。

圖示

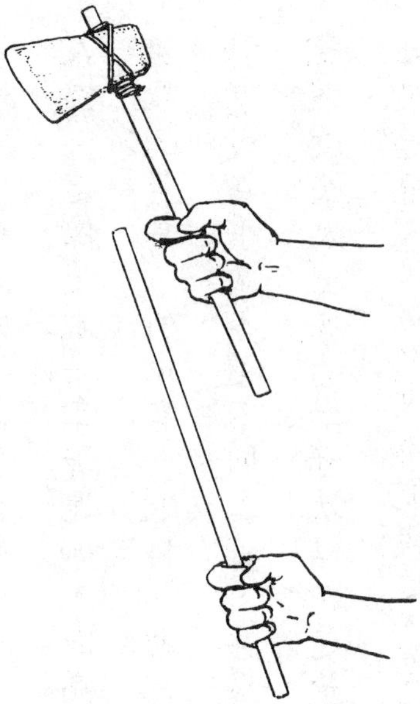

解說

古代文字的形體演變

從甲骨文、金文的形體看來，字形大致相同，都像右手拿著石塊等工具的樣子；從篆文的形體看來，字形改變很大，尤其工具的形象變成像小枝的棍子；所以，有人說這是手拿著棒子，在教訓指導兒女的意思；也有人說是拿著尖頭的武器去刺殺俘虜或奴隸；而有學者說：像手拿著石頭做的斧頭在進行勞動的樣子。

另外，對於本義到底後來是擴大或是縮小也有相反的意見，一種說法是：本來的意思是用來表示「父親、爸爸」，後來又用為對「男性成年人及長輩」的稱呼；另一種說法是：以為本義是表示「在野外勞動的男人」，後來才引申為父母的「父」，及「男性等長輩」；總之，本義是在外頭用右手拿工具去勞動的男子，或用右手執教鞭教育兒女的形象來表示父親或男性的長輩，都是可以相通的；是個「會意字」。

因此，用「父」組合的字，與「男人」有關；如：爸、爹、爺。

查部首時，只有一種情況，那就是字上有「父」，就可以查「父」部，如：爸、爹、爺；我們叫它做「父字頭」或「父部頭」。

注意！「斧、釜」不是「父」部的字；「斧」查「斤」部；「釜」查「金」部。

牛刀小試

(1)耶（　）(2)殿（　）(3)斧（　）

(4)爹（　）(5)章（　）。

（四十八）「网」，六畫，就是左右張開的網子。

圖示

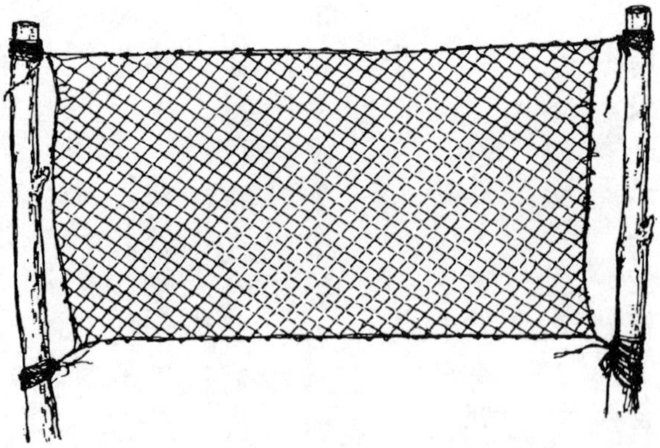

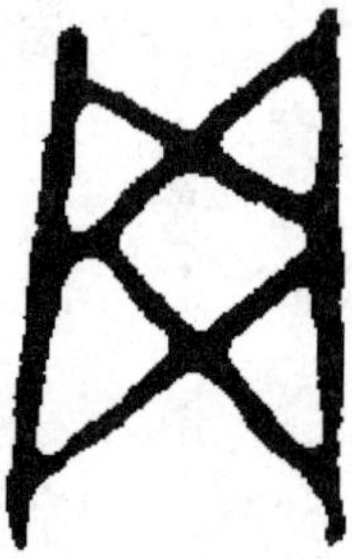

左右是木棍、
中間是張開的網

古代文字的形體演變

甲骨文
金文
篆文
隸書
楷書

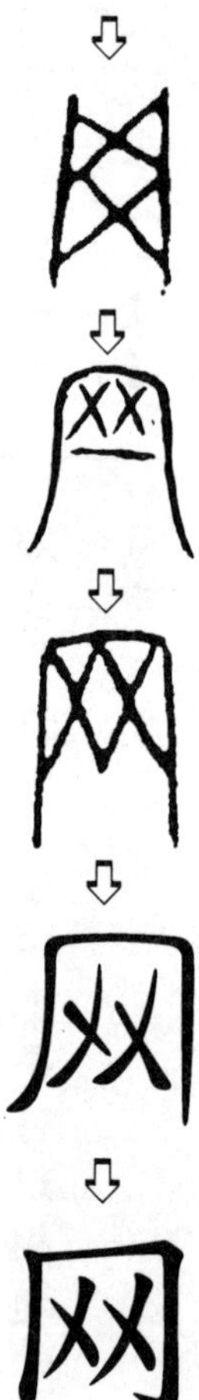

解說

「网」就是「網子」，是用繩線交錯編織做

成的，從甲骨文的形體看來，左右像網子的邊緣，中央是交錯編織的網線；也有人說，左右是棍子，用來張開網子，甚至有「曬網」的意思；金文和篆文的形體大致上是相同的，總之，就是「網子」的意思；是個「象形字」。

因此，用「网」組合的字，與「網子」有關或「外形像網子的東西」；如：罕、罔、罟、置、罩。

用做部首時，有三種寫法：❶罒；❷⺳；❸罓。

查部首時，字上有「罒」、「⺳」、「罓」，都可以查「网」部，如：置、羅、罵、罪、罷、罰、罩；我們叫它做「方網」、「扁四」、「四字頭」、「橫目頭」。

注意！這些字並不是查「网」部，要小心。

❶「眾」：從甲骨文來看，是太陽（日）底下有很多人在工作，也就是日出而作的意思，應該查「人」部，但是，現在為了查字的方便，將「眾」歸於「目」部。

❷「岡」：從篆文來看，由「山」和「网」組成，意思是比較低平的山脊，跟山有關，「网」只是做這個字的注音，是個「形聲字」，隸書以後簡化筆畫，寫作「岡」，所以要查「山」部。

牛刀小試

(1)勃（　　）(2)罵（　　）(3)爸（　　）

(4)置（　　）(5)京（　　）。

（四十九）「老」，六畫，也就是「老年人」的意思。

圖示

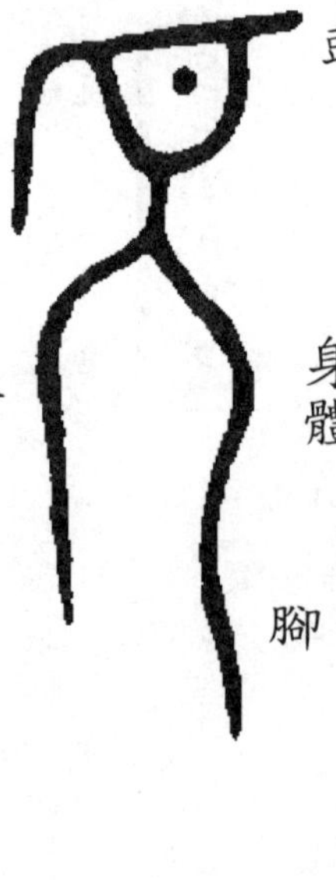

古代文字的形體演變

解說

從甲骨文的形體看來，是一個臉向右看，彎腰駝背、有著長頭髮的人的外形，而且，手裡還拿著拐杖，也就是「老人」的意思，是個「象形字」；但從金文和篆文的形體看來，「老」是由三個字組成的，上面是「毛」，中間是「人」，左下是「匕」，而「匕」就是「化」：「變化」的意思；所以「老」的意思就是「一個人頭髮由黑變白，就是年歲大了，老了」，反而變成「會意字」。

注意！古人以為本來是沒有「老」這個字，只有「考」字，而「考」就是「老人」的意思；到了後來，稱呼自己的父親為「考」，稱呼一般的老人為「老」，以致於「考」的本來意思就沒有人知道了。

因此，用「老」組合的字，有「年長」的意思，引申便有「經驗豐富」、「衰弱」的意思；如：耆、耋。

查部首時，字中有「老」，就可以查「老」部，如：老、耆、耋；我們叫它做「老字頭」或「老部頭」。

注意！「者、考」也是「老」部的字，所以字的上部有「耂」，也可以查「老」部；但「孝」卻是「子」部的字，要小心，不要弄錯了。

牛刀小試

(1) 孝（　　）　(2) 胄（　　）　(3) 者（　　）

(4) 耆（　　）　(5) 耋（　　）。

你(ㄋㄧˇ)做(ㄗㄨㄛˋ)對(ㄉㄨㄟˋ)了(˙ㄌㄜ)嗎(˙ㄇㄚ)？

（一）口：(1)口(2)口(3)口(4)口(5)口
（二）人：(1)人(2)口(3)人(4)人(5)人
（三）心：(1)心(2)口(3)心(4)人(5)心
（四）手：(1)手(2)手(3)口(4)人(5)心
（五）言：(1)手(2)言(3)言(4)心(5)人
（六）辵：(1)口(2)辵(3)人(4)心(5)手
（七）女：(1)言(2)女(3)女(4)辵(5)口
（八）攴：(1)心(2)攴(3)手(4)攴(5)言
（九）頁：(1)攴(2)女(3)頁(4)言(5)頁
（十）口：(1)囗(2)口(3)人(4)囗(5)心
（十一）广：(1)言(2)手(3)广(4)广(5)女

（十二）力：(1)力(2)广(3)囗(4)力(5)力
（十三）彳：(1)頁(2)囗(3)彳(4)广(5)彳
（十四）目：(1)力(2)目(3)目(4)攴(5)言
（十五）子：(1)人(2)心(3)子(4)手(5)子
（十六）肉：(1)肉(2)子(3)肉(4)肉(5)肉
（十七）儿：(1)肉(2)儿(3)儿(4)儿(5)子
（十八）八：(1)儿(2)口(3)口(4)口(5)八
（十九）又：(1)又(2)八(3)又(4)儿(5)又
（二十）大：(1)人(2)又(3)大(3)大(5)犬
（二十一）寸：(1)大(2)又(3)寸(4)寸(5)彳
（二十二）止：(1)寸(2)又(3)止(4)八(5)止
（二十三）方：(1)目(2)方(3)止(4)方(5)子
（二十四）見：(1)肉(2)肉(3)儿(4)見(5)見

（二十五）走：(1)見(2)方(3)走(4)止(5)寸
（二十六）邑：(1)走(2)邑(3)見(4)止(5)邑
（二十七）乙：(1)邑(2)子(3)乙(4)又(5)乙
（二十八）尸：(1)見(2)乙(3)大(4)广(5)邑
（二十九）曰：(1)尸(2)儿(3)曰(4)肉(5)曰
（三十）行：(1)曰(2)口(3)行(4)人(5)行
（三十一）足：(1)攴(2)足(3)目(4)八(5)足
（三十二）食：(1)食(2)足(3)食(4)尸(5)走
（三十三）丿：(1)丿(2)口(3)丿(4)見(5)丿
（三十四）入：(1)入(2)人(3)人(4)入(5)手
（三十五）卩：(1)言(2)卩(3)寸(4)卩(5)女
（三十六）欠：(1)目(2)欠(3)手(4)子(5)欠
（三十七）白：(1)白(2)儿(3)白(4)白(5)欠

（三十八）立：(1)大(2)立(3)大(4)立(5)寸
（三十九）耳：(1)立(2)耳(3)耳(4)止(5)白
（四十）音：(1)走(2)音(3)耳(4)邑(5)音
（四十一）亠：(1)音(2)耳(3)人(4)尸(5)亠
（四十二）冖：(1)曰(2)冖(3)亠(4)音(5)口
（四十三）冂：(1)行(2)冂(3)門(4)冂(5)冂
（四十四）小：(1)卩(2)冂(3)大(4)小(5)小
（四十五）彡：(1)冖(2)彡(3)欠(4)彡(5)口
（四十六）殳：(1)儿(2)彳(3)殳(4)耳(5)殳
（四十七）父：(1)耳(2)殳(3)斤(4)父(5)音
（四十八）网：(1)力(2)网(3)父(4)网(5)亠
（四十九）老：(1)子(2)冂(3)老(4)老(5)老

上冊索引

趣味的部首 上冊

著　者：王 志 成 葉 紘 宙
出版者：文 史 哲 出 版 社
文字繪畫：葉 紘 宙
登記證字號：行政院新聞局版臺業字五三三七號
發行人：彭 正 雄
發行所：文 史 哲 出 版 社
印刷者：文 史 哲 出 版 社
臺北市羅斯福路一段七十二巷四號
郵政劃撥帳號：一六一八〇一七五
電話886-2-23511028・傳真886-2-23965656

實價售價新台幣 二〇〇元

中 華 民 國 九 十 年 八 月 初 版

ISBN 957-549-379-6